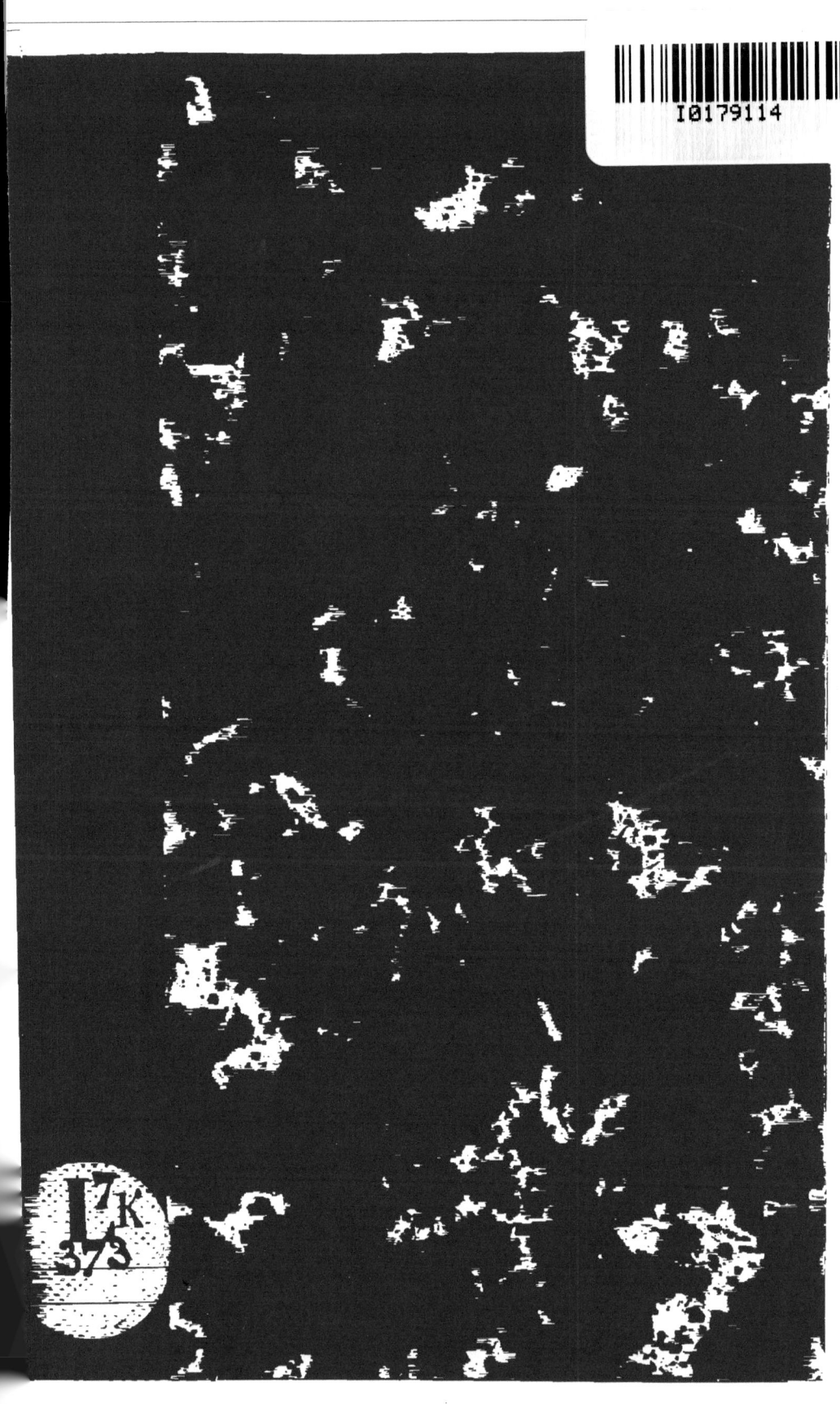

LES DUNES

OU

SYLVA MARIA

PAR

J.-F.-XAVIER MOULS,

Curé d'Arcachon, Chevalier de l'Ordre Impérial de la Légion-d'Honneur,
Membre de plusieurs Sociétés savantes.

Vente au profit d'une bonne œuvre.

BORDEAUX

IMPRIMERIE DE A.-R. CHAYNES, COURS D'AQUITAINE, 57.

1860

PROPRIÉTÉ DE L'AUTEUR.

LES DUNES

Les Dunes : — Leur nature. — Leur origine. — Leurs progrès. — Leurs menaces. — Leurs ravages.

Le mot *dune* dérive de *dun* qui veut dire montagne en langue celtique.

Les flamands ont appelé *dunes*, c'est-à-dire vagues, les collines de sables de leurs rivages, à cause de leur ressemblance avec les vagues de l'Océan.

Les *dunes* sont des montagnes ou monticules de sables, que l'on trouve presque partout sur les bords de la mer. Ces sables ne sont pas les mêmes partout : purement calcaires sur quelques côtes de la Normandie, ils sont mélangés sur celles de Bretagne et de Saintonge, et généralement quartzeux entre l'embouchure de la Gironde et celle de l'Adour. Nous étudierons uniquement ces derniers. Que de merveilles dans ce quartz ! Delille l'a résumé en trois vers :

Ce quartz était un roc ; ce roc n'est plus qu'un grain ;
Mais fils du temps, de l'air, de la terre et de l'onde
L'histoire de ce grain est l'histoire du monde.

Soumis au microscope, il présente un effet ravissant : « Qu'on se figure, dit M. Petit-Laflitte, professeur « d'agriculture à Bordeaux, une multitude de perles « plus ou moins rondes, mais tendant toutes vers cette « forme, et offrant un brillant, une transparence qui « sont le partage du reste du quartz hyalin. Le frotte-« ment, les chocs nombreux qu'ont dû éprouver ces « fragments d'une des roches les plus dures ont été « tels, que pas un des grains de sable ne rappelle la « forme de cristallisation du quartz. Que de temps il a « fallu, quelle succession d'évènements il est nécessaire « d'admettre, pour s'expliquer l'état actuel du sable des « landes et des dunes ! »

Les naturalistes ne sont pas d'accord sur l'époque *très-reculée* où l'Océan couvrait le vaste bassin sud-ouest de la France ou de l'Aquitaine, qui est limité,

actuellement au nord par la région granitique de la
Vendée, au nord-est et à l'est par le massif granitique
central, qui va dans le voisinage de Lodève et de Carcassone et a, comme appendice la montagne noire, au
sud par les Pyrénées, et à l'Ouest par l'Océan ; mais
personne ne peut contester l'antique séjour de la mer
dans ce vaste bassin. Elle y a laissé presque partout
des traces ineffaçables de son passage. Les géologues
n'assignent pas tous la même époque à la retraite de
l'Océan dans ses limites actuelles, et surtout ne partagent pas la même opinion sur les causes de cette retraite. Les plus accrédités de nos jours, comme
MM. *Élie de Beaumont, Milne Edwards, Achille Comte*,
la rattachent au bouleversement occasionné par le soulèvement de la chaîne principale des Alpes, et regardent les sables qui couvrent la surface des Landes
comme l'étage supérieur des terrains tertiaires. Ainsi,
d'après ces savants, les terrains de nos landes seraient des
alluvions tertiaires, et le sable des dunes, des alluvions
proprement dites, c'est-à-dire des dépôts de matières
charriées par les eaux, dans les temps très-anciens.
Donc ces sables, arrachés à des blocs de granit, entraînés par les courants, auraient été broyés et déposés
par l'Océan qui couvrait jadis ces plaines immenses.

M. *Duluc* considère ces sables comme le résidu d'un précipité chimique, le dernier qui aurait eu lieu dans les mers avant leur retraite de dessus le Continent. Il est possible que le sable dont nous parlons doive son origine à ces deux causes et à d'autres encore ; comme les neiges, les pluies, les glaciers qui attaquent si vivement les roches les plus dures ; mais nous croyons qu'elle est due principalement aux courants et au mouvement perpétuel de l'Océan agissant sur le granit.

Sans partager entièrement l'opinion suivante de M. Brémontier, nous la reproduisons parce qu'elle explique très-bien le travail des eaux pour la formation des sables dont nous étudions l'origine : « Transportons-nous, dit-il, sur les bords de la mer ; parcourons la côte d'Espagne, depuis le cap d'Ortégal jusqu'à Fontarabie et Bayonne, et celle de France, depuis Ouessant jusqu'à Oléron et Royan ; nous y trouverons toutes les matières dont les dunes sont formées ; nous y verrons des plages chargées de gravier, des lits de pierre et de terre plus ou moins saillants, plus ou moins excavés, suivant l'adhérence des matières entr'elles et la résistance de leurs parties ; des grottes profondes dans ces montagnes coupées à pic et tombant en ruines, des morceaux de rochers énormes et de pierres de toute espèce, irrégulièrement entassés et nouvellement éboulés ; des ouvrages élevés avec toutes les précautions et toute la solidité dont l'art est susceptible, s'altérer au bout de quelque temps et éprouver dans un court intervalle des dégradations assez sensibles, pour n'y plus reconnaître qu'à peine la main de l'ouvrier et les traces de l'art qui les avaient élevés. Ces terres, ces rochers sont continuellement battus et soulevés, froissés les uns contre les autres, roulés et entraînés par le mouvement constant et toujours actif des eaux de la mer vers le fond du golfe de Gascogne. Les quartz, les cailloux, les graviers en se détruisant eux-mêmes, minent insensiblement à la longue les masses les plus fortes et les roches les plus dures. Tous ces débris enfin se décomposent, se broient et s'atténuent sur la plage, jusqu'à ce que, assez réduits et pour ainsi dire pulvérisés, ils puissent être enlevés par les vents, jouer un nouveau rôle dans la nature et y reparaître sous une nouvelle forme. Les sélénités, les terres calcaires et argileuses, beaucoup plus tendres, plus susceptibles d'être divisées plus promptement pulvérisées et en peu de temps absolument délayées et même décomposées, se combinent avec les eaux ou restent suspendues au milieu d'elles et sont entraînées dans les baies, à l'abri des vents ou dans des gouffres profonds inconnus et tranquilles. »

Tel est l'origine des immenses amas de sables dont se composent les dunes.

Mais l'origine de nos dunes qu'elle est elle ? à quelle époque précise ont-elles commencé de se former ? D'après les calculs et les probabilités de la science, il y aurait à peu près 4,218 ans.

Il est assez singulier, dit M. Brémontier, que cette date soit à peu près celle du déluge. Immédiatement après ce grand bouleversement des temps passés, elles commencèrent à se former : de siècle en siècle elles ont progressé.

Le travail incessant de la mer et des vents a accumulé, sur ces rivages, une chaîne plus ou moins suivie de montagnes de sables, sur une longueur de 240 kilomètres, une largeur de 6 à 8 kilomètres et une hauteur qui va jusqu'à 100 mètres, mais ne les dépasse jamais, d'après MM. *Milne Edwards* et *Achille Comte*, tandis que M. Brémontier ne craint pas d'avancer qu'elles sont susceptibles d'acquérir, par la suite des temps, une hauteur aussi considérable que celle des plus hautes montagnes.

Elles présentent l'aspect d'une mer en fureur dont les flots élevés, écumants, tirant sur le jaune, seraient subitement fixés dans le fort d'une tempête. Vues de loin, elles ressemblent à d'immenses nuages nanquins, bordant l'horizon. Elles fatiguent la vue comme la neige des montagnes. La perspective en est monotone, le terrain accidenté, montueux et nu : c'est un désert effrayant. Si on les parcourt, le sable fuit sous les pas. Excellent conducteur du calorique, il est glacial en hiver et brûlant en été.

Les dunes sont plus ou moins élevées, plus ou moins avancées dans les terres, suivant les circonstances qui ont concouru à leur formation, qui en ont retardé ou accéléré la marche, telles que la violence et la direction des vents, la pente plus ou moins rapide du lit de la mer, du rivage et du terrain qu'elles ont envahi, et les différents obstacles qu'elles rencontrent.

Changeantes comme la cause qui les a produites, tantôt solitaires, tantôt contiguës, tantôt jetées les unes sur les autres ou divisées en chaînes que séparent d'étroits vallons appelés lètes, elles ne restent pas toujours dans le même état. Leur sommet s'élève ou s'abaisse ; elles se réunissent ou se séparent ; de nouveaux vallons se forment et d'autres se remplissent ; elles sont le jouet des vents.

Cette masse énorme marche comme de front, et enterre insensiblement des champs cultivés, des établissements précieux, des villages, des églises, des clochers, des *forêts entières* et enfin tout ce qu'elle trouve sur son passage, mais sans rien détruire, et pour ainsi dire sans rien offenser ; les feuilles mêmes des arbres changent à peine de position et leur sommet est encore quelquefois vert au moment où il est sur le point de disparaître. Cet effet, qui semble extraordinaire, sera reconnu très naturel si l'on réfléchit que l'effet des dunes est comparable à celui du sablier dont on se sert pour mesurer le temps.

Ces montagnes mouvantes ne faisant que passer, on voit reparaître successivement, sur le terrain qu'elles abandonnent, tout ce qu'elles y avaient enseveli ; mais les bois et les plantes tombent en pourriture au contact de l'air, et l'on ne trouve d'intact et de bien conservé que les murs des maisons ou de quelques édifices, quand toutefois, avant la submersion, on ne les a pas démolis selon l'usage. C'est ainsi que l'église de Soulac, grâce à l'initiative de S. Ém. le Cardinal Donnet, Archevêque de Bordeaux, sort aujourd'hui presque intacte, du sein de la montagne qui la couvrait depuis des siècles.

Les vents sont l'unique mobile des sables ; ce mobile agit irrégulièrement et inégalement en tous sens : il doit donc produire des irrégularités dans la composition des dunes, dans leur forme, dans leur marche.

Chacun des grains de sable dont elles sont composées, n'est ni assez gros pour résister aux vents d'une certaine force, ni assez petit pour être enlevé comme la poussière ; les grains ne font généralement que rouler sur la surface dont ils sont arrachés, s'élèvent rarement à 3 ou 4 pouces de hauteur, vont souvent avec une très-grande vitesse et retombent par leur propre poids lorsqu'ils sont à l'abri du vent, ce qui arrive toujours lorsqu'ils ont dépassé le sommet de la montagne. Ainsi, chacun de ces mêmes grains occupe alternativement le centre de la dune, et va de la base au sommet et du sommet à la base.

Toutefois, les ouragans, les tempêtes détruisent souvent cette harmonie et transportent au loin, tout-à-coup des masses considérables : de là, ces monticules isolés qui s'étendent toujours en avant, vont désoler les pays et couvrir les campagnes.

En avançant dans les terres, la dune perd de son volume, à cause des irrégularités de la route. Elle se réduirait à rien si elle n'était pas entretenue, alimentée par celles qui la suivent. Les dunes du centre sont ordinairement les plus élevées : ce sont de véritables chaînes de montagnes, toujours en état d'être accrues par les autres montagnes moins considérables qui leur servent de cortége.

Il est généralement reconnu et démontré même par les progrès des dunes dans les terres, que les vents nord-ouest soufflent ou plus longtemps ou avec plus de force sur nos côtes que les autres : ce sont les vents régnants.

Suivant plusieurs remarques qui ont été faites, l'avancement vers l'est de la masse générale de ces sables est d'environ 10 toises par an. Voici ce qu'écrivait Brémontier, au commencement de ce siècle : « Le pied d'une des grandes dunes du bourg de La Teste, d'après la vérification faite le 1er fructidor an 3, se trouve

92 toises plus près du clocher de ce bourg qu'il n'était dans le mois d'août 1787 ; ainsi, son progrès dans les terres est de 11 toises 3 pieds, réduites par chacune de ces années.

« Bordeaux est précisément à l'est des dunes. Cette ville n'en est aujourd'hui éloignée que de 20 milles : d'où l'on peut conclure que dans à peu près 20 siècles elle aura éprouvé ou sera sur le point de subir le même sort que les vastes forêts de pin de Saint-Julien de lit, de la Canau et de La Teste... Ce terme est trop éloigné, sans doute, pour qu'on puisse prendre quelque inquiétude sur le sort de cette superbe ville ; mais le bourg de La Teste, plusieurs autres bourgs et un grand nombre de villages qui ne sont pas éloignés des dunes, ne peuvent pas exister plus d'un siècle. » Sans examiner ici jusqu'à quel point étaient fondées les prévisions de M. Brémontier, qui ne tenait pas assez compte des pertes qu'éprouve le volume des dunes à mesure qu'elles avancent dans les terres, constatons autant que possible les ravages des siècles passés : où sont aujourd'hui toutes ces villes, tous ces bourgs, ces ports qui faisaient l'ornement du golfe de Gascogne au siècle d'Ausone ? Noviomagus, Soulac, l'antique Boïos, Mimizan et tant d'autres n'existent plus maintenant; à peine si l'on en peut reconnaître les traces. Les unes ont disparu sous les sables, les autres dans les flots : ici la mer a gagné, là elle a perdu, les sables s'y sont amoncelés, et ils ont envahi les terres.

Les dunes, en s'avançant, non-seulement ensevelissent des établissements, des forêts, des villages, des villes, mais elles obstruent encore de temps en temps les *canaux*, par lesquels les eaux des rivières et des ruisseaux se rendent à la mer. Ces eaux, alors sans débouché, refluent dans les terres, inondent et désolent les campagnes, jusqu'à ce qu'elles aient pu, par cette force active et continuelle avec laquelle elles luttent sans cesse contre tout obstacle, s'ouvrir elles-mêmes un nouveau passage. Les passages quelquefois se ferment complètement. De là, ces étangs, ces marais immenses qui occupent un terrain si vaste derrière les dunes, depuis la pointe de Grave jusqu'à l'Adour. Elles n'ont aujourd'hui de débouché, sur toute cette immense étendue, que par le bassin d'Arcachon et le Boucaut de Mimizan, *qui pourraient bien se fermer à leur tour* par la même cause qui a détruit les autres. On sait qu'autrefois il existait sur ces côtes plusieurs débouchés : ainsi le bassin de la Canau se déchargeait dans la mer, par un canal encore appelé le chenal d'*Anchise,* expression qui, on ne sait pourquoi, rappelle ce héros troyen, célèbre par les faveurs de Vénus, et laisserait supposer quelque émigration des peuples de l'Orient sur le littoral du golfe de Gascogne, comme d'autres ont eu lieu sur les rivages de la Méditerranée, en France, à Marseille. Timagène prétend sur la foi des monuments les plus vieux de son temps, que les premiers habitants de la Gaule furent des indigènes appelés Celtes, et des Doriens qui, suivant les pas d'un hercule, vinrent peupler les bords de la mer.

L'étang de Cazeaux avait un courant vers la mer, il fut obstrué par les sables ; mais le chenal très-profond qui aboutit au pied des dunes, du côté de l'Océan, porte encore le nom de *Port de Maubrug.*

Ces issues s'étant fermées successivement par le progrès des sables, il resta une grande quantité d'eau sans écoulement. Alimentés par les eaux pluviales et par les ruisseaux qui venaient s'y dégorger, ces étangs devinrent insensiblement moins salés, et cessèrent absolument de l'être, lorsqu'ils ne communiquèrent plus avec l'Océan ou que du moins la marée ne s'y fît plus sentir, soit par leur éloignement de la mer, à cause des dunes, soit par l'exhaussement de leur niveau au moyen des sables qui s'accumulaient au fond.

Ces étangs, dans toute leur étendue, sont bordés d'un côté par les dunes qui, avançant toujours, refoulent les eaux dans l'intérieur des terres. De là, un double fléau pour le pays : le progrès des étangs et des dunes.

Les dunes restent quelquefois toute une année sans faire des progrès au moins sensibles ; mais un fort coup de vent d'ouest leur fait malheureusement trop souvent réparer largement le temps perdu. « J'ai vu, dit Brémontier (mém., p. 10), une montagne avancer de plus de deux pieds, pendant l'espace de 3 heures, malgré une pluie assez forte qui devait naturellement en retarder la marche. »

C'est dans ces moments de tempête que les dunes sont véritablement intéressantes et dignes de toute l'attention de l'observateur. D'épais brouillards sablonneux couvrent absolument leur surface. Les sables sont lancés avec tant de violence que l'écorce même des pins finit par être entamée. Les vents enlèvent les premières couches des dunes et attaquent les autres d'une manière inégale, suivant la résistance inégale qu'elles opposent. De là, des buttes, des trous, des accidents de terrain bizarres qu'un léger brouillard, des pluies et même les seules impressions de l'air faiblement agité, détruisent en très-peu de temps.

Parfois, à la suite d'un ouragan, il se forme au pied des dunes ou dans les vallons, des flaques d'eau que le sable recouvre en forme de voûte. Ce léger édifice s'écroule sous les pas étonnés du voyageur imprudent qui est à demi enseveli dans les sables ; mais la frayeur est presque toujours plus grande que le mal. Si l'on reste immobile un instant, le sable descend, se tasse, et l'on se dégage facilement du piège tendu. Rarement les nombreux bestiaux de cette contrée donnent dans ces pièges, vulgairement appelés *blouses*. D'instinct, ils les connaissent et les évitent.

Telle est, en résumé, la description des dunes du golfe de Gascogne. Généralement désertes, arides, nues, il y a quelques années, elles offrent aujourd'hui, presque partout, un aspect verdoyant, grâce à l'ingénieuse invention des semis de pins.

Dans ce tableau des dunes, nous avons vu leur nature, leur origine, leur formation, leur étendue, leurs progrès, leurs ravages, leurs effets capricieux. Terminons par ces mots de M. Thore : « De distance en distance, on rencontre des témoins irréfragables de mille et un naufrages, et du tribut que d'imprudents navigateurs paient trop souvent de leurs biens et de leurs personnes...

...En suivant les bords de la mer, on sera étonné de voir à quelle hauteur les vents portent quelquefois les vagues. Nous les avons vues, nous, s'élever comme de hautes montagnes. On en douterait même si des débris de vaisseaux ne rendaient cette vérité incontestable. C'est surtout du cap Breton au vieux Boucaut et de Saint-Julien à La Teste, que l'on peut faire cette remarque, en observant la place qu'occupent ces débris, *trop souvent surmontés, çà et là, d'une modeste croix qui désigne une tombe.* »

II

La pointe du Sud. — Le naufrage de l'ANGÉLIQUE. —
Léonard. — Sylva.

Transportons-nous à la pointe du *Sud*, principal théâtre des évènements de ce récit.

La pointe du *Sud* est une langue de sables qui s'avance dans les eaux, sépare l'Océan du bassin et marque leurs limites respectives. Située à 12 kilomètres à l'ouest d'Arcachon, elle est souvent le but des promenades en bateau ou à cheval de nos nombreux baigneurs. Là, se trouvait autrefois un fort qui protégeait l'entrée de la baie, comme l'annoncent des débris de briques et de tuiles dispersés au milieu des sables. Il fut démoli en 1814. A cette époque, le bassin n'était accessible aux vaisseaux que par ce côté-là, ailleurs le détroit n'avait pas assez de profondeur. On appelait cette passe la passe du sud. Elle n'existe plus aujourd'hui ; les sables l'ont envahie ; le gouffre immense a été comblé et l'on s'y promène à pied sec. La nouvelle passe s'est formée du côté du nord.

Dans le voisinage de la pointe du *Sud*, en se dirigeant vers l'est, on rencontre une modeste habitation, c'est un poste de douanes. A quelques pas de là, se trouvent, sur un tertre qui domine l'Océan et le bassin, quatre piquets de bois, supportant une toiture de chaume : c'est la vigie de la Douane ; c'est aussi généralement la station des baigneurs d'Arcachon pour un repas champêtre. Entre cette vigie et l'Océan, sur le rivage, presque à la limite des hautes marées, repose, au milieu du sable, un grand bateau ponté servant d'asile aux marins qui, surtout en hiver, font la pêche à la pointe du sud. Un sable aride et jaunâtre s'étend du rivage au poste des douaniers ; au-delà, vers le sud, commence les semis de pins qui couvrent aujourd'hui les dunes. Montons sur la dune la plus voisine du poste; de là, le coup-d'œil est ravissant : en face, le grand Océan dans tout l'appareil de sa majesté ; derrière, un vaste tapis de verdure qui se déroule en plis onduleux comme la chaîne des dunes ; à gauche, encore l'Océan qui va se perdre dans l'espace ; à droite, le bassin d'Arcachon, baie immense de vingt-quatre lieues de circonférence, décrit ses gracieux contours. Une épaisse forêt baigne ses pieds dans le cristal des eaux de la baie, l'entoure, presque entièrement, d'une verte guirlande en forme de ceinture qui s'arrête au cap *Ferret*, à l'endroit où s'élève un magnifique phare, destiné à préserver les navigateurs des périls du détroit orageux. Entre ce cap et la pointe du *Sud*, c'est la passe terrible où sans cesse la vague moutonne, mugit et menace de mort ceux qui osent l'affronter. Elle ne réalise, hélas! que trop souvent ses promesses. L'étranger qui visite Arcachon, La Teste, Gujan, Mestras, les localités qui bordent le bassin, s'étonne de rencontrer une foule de veuves, d'orphelins, aux vêtements de deuil. S'il demande la cause de ce deuil presque universel, il n'y a qu'une voix pour raconter les fréquents naufrages, anciens et modernes, enfantés par le détroit des tempêtes.

Mais quittons cette dune, approchons du rivage et partout, sous nos pas, surtout à cette époque de l'année, nous trouverons des nombreux témoins des fureurs de l'Océan sur la passe. Nous sommes au mois de mars 1860 : Les nuages accumulés, presque sans relâche, depuis environ six mois, dans les cieux, ont enfin disparu ; le soleil, délivré des voiles qui s'obstinaient à le cacher, brille dans l'espace, répand ses rayons amoureux sur la nature entière et nous donne une des plus belles journées du printemps ; aux vents impétueux, qui déracinaient par milliers les arbres de la forêt, a succédé un doux zéphyr ; les bois ne sont plus sombres et mélancoliques ; l'astre du jour dore la cime des pins résineux ; l'Océan s'agite à peine dans sa couche immense, et la baie paraît calme et unie comme une glace ; l'azur des cieux est transparent, celui de la mer plus foncé ; le bassin présente une teinte grisâtre, les tempêtes multipliées qui l'ont bouleversé ont terni la limpidité de ses eaux. Bien des jours s'écouleront encore avant que les matières vaseuses amenées à sa surface puissent retomber au fond des abîmes. De plus nombreux s'écouleront encore avant que le souvenir des désastres de l'hiver, qui semble toucher à sa fin, s'efface de la mémoire des habitants du littoral.

C'était le 12 février dernier, un dimanche : Depuis longtemps l'état de la mer ne permettait pas à nos marins d'exercer leur périlleuse industrie, leurs familles étaient plongées dans la misère, les enfants se mouraient de faim ; enfin, l'Océan se calme et semble promettre une série de beaux jours. Impatients de gagner leur vie, plusieurs de nos pêcheurs mettent à la voile, traversent la passe, arrivent dans l'Océan. Après une pêche abondante, ils se préparent à rentrer ; ils sont sur le détroit ; la tempête les surprend ; ils luttent contre les flots, deux chaloupes parviennent à se sauver ; une vague s'abat sur la troisième, appelée l'*Angélique*, la met en pièces ; tout l'équipage, composé de dix hommes, disparaît englouti dans les eaux. Une moitié de cette embarcation va échouer sur le banc de *Matoc,* et l'autre est ici, sur la plage, à la pointe du *sud*.

Pendant que, livré aux réflexions que fait naître tout naturellement ce récit, je dirigeais mes pas vers le triste témoin de ce naufrage, j'aperçus, tout-à-coup, non loin de cette épave, une femme à genoux sur le rivage, devant une croix de bois. Je m'arrête, je regarde, j'écoute. Cette femme a des vêtements noirs. Son attitude annonce une douleur profonde. Elle demeure à genoux, immobile, sans larmes, penchée vers la croix et comme pétrifiée. Enfin, elle jette un grand soupir, ouvre ses bras, embrasse la croix, puis le sable qui l'entoure et fait des efforts pour se lever. Une fois debout, elle chancelle comme un homme ivre, s'affaisse sur elle-même, et j'entends des plaintes déchirantes : « Malheureux enfant ! mère encore plus malheureuse, quel sort affreux. Je n'avais qu'un fils, je l'aimais tant ! Il n'est plus !... Que ne l'ai-je précédé dans la tombe !... Encore s'il était mort de maladie auprès de moi !... J'aurais eu la consolation de recueillir son dernier soupir et de l'embrasser une dernière fois ! Son corps reposerait en terre sainte ! Il me serait donné de le visiter souvent ! .... Mais non, il fallait que ma douleur fut à son comble !.. Léonard, mon cher Léonard, devait périr dans une tempête, sans aucun secours. Après l'avoir englouti, la mer devait rejeter impitoyablement sur ce rivage, son corps mutilé et tout défiguré.

« Des mains étrangères devaient se hâter de creuser une fosse dans ces sables, pour cacher ce cadavre en putréfaction. Sa mère ne devait rencontrer ici qu'une croix, et auprès de cette croix les débris du bateau qui le portait. Ce bateau, ah ! je le reconnais : c'est l'*Angélique !*... Léonard, mon cher fils, je ne te verrai plus, tu es mort et ta mère vit encore !.. Oh la plus malheureuse des mères !.. Comment supporter cette perte !.. Oh mon Dieu, laissez-moi mourir ou la folie sera mon partage. Il en sera de ce pressentiment comme de celui que j'eus de la mort violente de mon cher Léonard. Lorsqu'il me quitta, malgré moi, pour se faire marin, quelque chose me dit qu'il périrait dans un naufrage.

« Cette idée ne m'abandonnait pas, je la retrouvais dans mes rêves ; ces rêves sont maintenant des réalités ! quel malheur d'avoir changé de profession !... Pourquoi abandonner le métier de nos pères !... Pourquoi cesser d'être résinier !.. Pourquoi se faire entrepreneur de semis !.. Pourquoi oublier que chacun doit rester dans la condition où le ciel l'a fait naître. L'oubli de cette vérité me rend aujourd'hui la plus malheureuse des mères, et me fait appeler la mort ! Rien ne m'attache à la vie... Oh mon fils, qu'il me tarde de te rejoindre !... Mais hélas, mes idées se perdent, je succombe à ma douleur. » A ces mots, l'infortunée tombe évanouie. Des douaniers et des marins, spectateurs muets de cette scène désolante, s'approchent d'elle, la portent au poste des Douanes et lui prodiguent leurs soins.

Son mari, résinier dans le voisinage, arrive sur ces

entrefaites ; elle reprend ses sens ; il travaille à la consoler et la ramène dans son habitation.

Quelle est cette femme éplorée ? La suite de cette nouvelle nous l'apprendra.

III

Arcachon. — La chaumière du résinier. — Sylva.

A huit kilomètres est de la pointe du Sud, se trouve Arcachon, cité riante de jeunesse et pleine d'avenir. Arcachon est comme une oasis dans le désert des Dunes. Bâtie sur la lisière d'une épaisse forêt et sur les bords d'un magnifique bassin, cette ville naissante s'étend principalement en longueur et forme comme une guirlande de villas, d'environ 5 kilomètres de développement. Ses constructions affectent généralement la forme de châlets. Le châlet d'Arcachon, unique dans son genre, présente généralement un rez-de-chaussée, souvent un premier, rarement deux étages, avec de larges ouvertures et des galeries qui, découpées en mille festons divers, se présentent au rez-de-chaussée, s'élèvent au premier et même au deuxième étage. Ces habitations se trouvent placées au centre de parterres, de jardins, où les plus beaux arbustes, les plus jolies fleurs parfumées se sont comme donné rendez-vous. Tandis que, d'un côté, ces gràcieuses villas paraissent se mirer dans le cristal des eaux de la baie, de l'autre, elles voient se dresser étagées, de blanches collines de sable que recouvre une imposante forêt. Elles sont au nombre d'environ 500. Huit cents personnes les habitent pendant l'hiver ; en été, elles en contiennent jusqu'à cinq mille.

Arcachon n'est encore qu'un bourg ; mais il sera bientôt une grande ville ; tout semble lui promettre ce riant avenir. Sa rade immense et abritée finira par être remplie de vaisseaux. Une ligne de bateaux transatlantiques lui apportera les richesses de l'ancien et du nouveau monde.

Sa plage, large, doucement inclinée, douce comme un tapis de velours, en fait une station de bains de mer incomparable, surtout pour les femmes et les enfants. Ajoutez à ce bienfait une atmosphère vivifiante, formée par les émanations aromatiques des bois résineux, mêlées aux vapeurs salines de la mer ; une exposition des plus heureuses, une douce température comparable à celle de Nice ; de là, une station d'hiver au sein de la forêt, pour les poitrines délicates.

Comment douter de la vérité de cette devise, déjà célèbre : *Heri solitudo, hodiè vicus, cras civitas*. Si les bains de mer en ont fait presque une ville, que sera-ce, lorsque à la station d'été viendront s'ajouter une station d'hiver et la création d'un port de refuge ?

Arcachon ne date que d'hier, dit la devise *heri solitudo*. A proprement parler, il ne date sérieusement que de 1852. Il est vrai que depuis 1825 on avait bâti quelques maisons de bains; mais Arcachon n'était encore qu'à l'état de germe. On tâtonnait ; on n'était pas sûr qu'il arrivât à bon port. Et il est vrai de dire avec la devise : *heri solitudo*. Qu'était Arcachon avant sa riante cité? une solitude profonde, dans laquelle le bassin, espèce de mer intérieure, l'Océan Atlantique, une vieille forêt qui touchait au rivage, produisaient ensemble des harmonies sublimes. Des bois de sapins très-épais occupaient l'emplacement de la jeune cité. Ils étaient plongés dans un grand silence ; le calme de ces lieux n'était troublé que par la voix sombre de l'Océan, le clapotement du bassin, le murmure de la forêt agitée par les vents.

Quand les vents, l'Océan, le bassin se taisaient, tout était silencieux dans cette forêt, comparable, par son aspect sauvage, son fourré, ses vieux arbres, aux forêts du Nouveau-Monde. Malheur au voyageur qui s'engageait imprudemment dans l'épaisseur des bois : il s'exposait à errer de dune en dune, sans rencontrer une habitation, un homme. Les habitants de la contrée prenaient eux-mêmes de sages précautions avant d'y pénétrer.

Une modeste croix de bois de chêne était plantée sur une dune du rivage, entre les eaux et la forêt. Elle annonçait une belle avenue de chênes, symétriquement placés et formant une allée qu'ils couvraient en voûte, en mariant leurs rameaux. A l'extrémité méridionale de cette allée de trois cents mètres de long, pratiquée dans l'épaisseur des bois, s'élevait, sur le plateau d'une dune, une petite chapelle, dédiée à l'Étoile des Mers, et célèbre depuis des siècles par son pèlerinage. A quelques pas de la chapelle et sur le plateau, on voyait un ermitage, où le prêtre qui venait de loin en loin célébrer les divins mystères pour les pêcheurs du bassin, trouvait un asile. Au bas de la dune, on apercevait, à travers le feuillage, une pauvre chaumière, en forme de carré long, bâtie moitié en bois, moitié en mauvais moëllon ferrugineux du pays, à peine crépi ; elle était recouverte de tuiles toutes vieillies par le temps. Cette chaumière établissait un frappant contraste avec la richesse que la nature déployait autour d'elle. Là, régnait un printemps continuel. Lorsque l'hiver, ramenant les frimas, faisait jaunir et tomber les feuilles des arbres, ici elles conservaient leur fraîcheur. Des pins gigantesques élevaient dans les airs leur tête altière, pour tout protéger au-dessous. A l'abri de ces arbres, pendant que partout ailleurs la nature s'endormait sous la glace des hivers, l'arbousier, toujours vert, se couvrait en même temps de fleurs et de fruits, de fleurs blanches semblables au muguet, de fruits rouges pareils à des fraises ; le houx piquant étalait ses baies purpurines; le genêt et l'ajonc faisaient briller leurs papillons dorés, et l'air qui passait par-dessus ces bois arrivait embaumé de résine et d'odeurs pénétrantes.

La chaumière était encore plus triste à l'intérieur qu'à l'extérieur : on y pénétrait par une porte basse, pratiquée du côté du Midi. Une mauvaise cloison de bois la divisait en deux pièces, dont la première, à l'ouest, servait de cuisine, et l'autre de chambre à coucher. Dans la cuisine, une espèce de cheminée à large ouverture, sans pieds droits, soutenus par un manteau de bois, était adossée au mur de l'ouest. Deux pierres des Landes servaient de chenets. Les instruments du résinier, une échelle ou *pitey*, une hachette, des pêles recourbées étaient appendues au mur du nord. Au sud, et sur des étagères régulièrement séparées, on voyait les ustensiles du ménage : des plats, des assiettes, des cuillères, des fourchettes. Toute la batterie de cuisine était de bois, ouvrage du résinier dans la saison des pluies. Un vieux pétrin servait de table à manger. Les chaises étaient remplacées par des tabourets ou planches supportées par trois piquets.

Dans la chambre à coucher, aux deux encoignures de l'est, se trouvaient deux lits, en forme de coffre, sans rideaux. Une simple paillasse, un drap de lit de serge grise et grossière, une couverture de coton constituaient toute leur richesse. Dans ces appartements, on n'était pas à l'abri des injures de l'air. La charpente était à nu ; à sa jonction avec le mur, la lumière pénétrait abondamment par l'absence de toute espèce d'entablement. Les courants d'air circulaient et se croisaient dans tous les sens. Telle était cette cabane au commencement de ce siècle ; c'était la demeure d'un résinier. C'est là que naquit, en 1812, la mère de Léonard, cette femme éplorée que nous avons rencontrée à la pointe du *Sud.*

On l'appela Sylva, à cause de sa naissance dans la forêt, et *Maria,* parce que, par une exception unique, elle fut baptisée dans le sanctuaire de Notre-Dame d'Arcachon.

Fille d'un résinier, Sylva Maria vécut sous le toit paternel jusqu'à l'époque de son mariage. Raconter sa vie, qui s'est écoulée dans les dunes, n'est-ce pas écrire l'histoire des dunes elles-mêmes ?

Les dunes du golfe de Gascogne, au temps de Sylva et bien avant sa naissance, ne présentaient pas toutes l'aspect aride et désert dont nous avons parlé. Dans ces montagnes de sable, on trouvait quelques rares oasis immobilisées, depuis un temps immémorial, par de magnifiques forêts. L'instinct de la conservation, et cette Providence tutélaire qui nous indique à peu près toujours un remède à nos maux, avaient enseigné aux premiers habitants de la contrée, le merveilleux secret de la fixation des sables par des *semis.* L'histoire nous apprend que, longtemps avant l'ère chrétienne, les Boyens, cette race de héros que Jules César soumit difficilement à l'empire romain, avaient su arrêter, par des semis, les sables qui menaçaient leur brillante cité appelée Boyos. Ces semis donnèrent naissance à de splendides forêts de pins maritimes et à un grand commerce de produits résineux, ce qui valut aux Boyens l'épithète de *Piceos,* que nous trouvons, au quatrième siècle, dans une lettre de saint Paulin au poète Ausone :

Placeat reticere nitentem
Burdigalam, et piceos malis describere Boïos.
(ÉPIT. III).

Lorsque le général romain Stilicon, sous l'empereur Honorius, appela les barbares contre l'empire, les Vandales se précipitèrent dans les Gaules, et envahirent surtout la belle et riche Aquitaine. Comme les autres villes de la Novempopulanie, Boyos fut saccagée et ses habitants passés au fil de l'épée. La rage de la destruction porta les barbares à renverser les barrières, à détruire les travaux, incendier les forêts qui protégeaient Boyos contre l'envahissement des sables et de l'Océan. Ces vastes forêts se trouvèrent, dès-lors, séparées en deux parties par l'incendie et plus tard par la marche des sables. De là, la grande et la petite forêt qui existent encore de nos jours. La première porte le nom de *montagne*, la seconde est appelée *petite forêt d'Arcachon*.

Elles ne sont point, dit M. *Oscar Dejean,* dans son intéressant ouvrage intitulé : *Arcachon et ses environs*, elles ne sont point, comme on le croit assez généralement, une propriété communale ; elles appartiennent à des particuliers, mais sont grevées de droits d'usage tels qu'on n'en trouve de semblables dans aucune autre partie de la France. C'est dans la grande forêt, que les habitants de La Teste, de Cazeaux et de Gujan prennent tout le bois mort nécessaire à leur chauffage, et tous les arbres pin vifs dont ils ont besoin pour la construction de leurs maisons. Cette dernière espèce de bois leur est délivrée, sur leur demande, par des syndics nommés par les propriétaires assemblés. Quant au bois mort, pour le feu, et aux arbres vifs, autres que les pins, à employer en constructions terrestres ou maritimes, les usagers peuvent les prendre sans délivrance. Tous ces droits sont établis dans des actes qui remontent à 1468, 1535, 1604, 1746, 1759 et fructidor an II.

La petite forêt d'Arcachon, d'une contenance de 360 hectares, était soumise aux mêmes droits d'usage ; mais, une transaction intervenue, le 17 juillet 1855, entre les syndics des propriétaires et les maires de La Teste et de Gujan, représentants légaux des usagers des deux communes, a autorisé le rachat de toutes les portions de la forêt « alors closes ou bâties, ou qui pourraient l'être à l'avenir, et de toutes les allées ou avenues ouvertes ou à ouvrir, non classées comme voies vicinales, moyennant une indemnité de 300 fr. par hectare, payable, moitié à la communauté des propriétaires de la grande forêt et moitié aux deux communes usagères. » Telle est l'origine, tel est le régime, tant ancien que moderne, de ces deux forêts dont nous avons à parler, parce qu'elles ont été successivement habitées par notre héroïne.

Donc, l'enfance et la jeunesse de Sylva s'écoulèrent dans la petite forêt d'Arcachon, sous le toit paternel, dans le voisinage du sanctuaire où elle avait été baptisée. Elle vécut comme les filles de sa profession : son père était résinier, elle fut résinière.

Le résinier offre un type à part : l'homme des champs est le seul qui ait avec lui quelques traits de ressemblanche. Il est, comme lui, naturellement calme, moral, religieux, ami de la paix et de la vie de famille. Les pins que le résinier exploite ne lui appartiennent pas ; il travaille pour le compte d'autrui ; il a ordinairement la moitié des produits résineux ; c'est une espèce de métayer. Seul avec sa famille, il passe sa vie entière au milieu des bois, dans une profonde solitude et un travail incessant ; il habite une pauvre chaumière, semblable à celle dont nous avons fait la description. Il ne paraît à la ville que le dimanche. L'exploitation des pins absorbe tous les autres jours de l'année, comme il est facile de s'en convaincre par les détails suivants : du 20 janvier au 10 février, on enlève l'écorce raboteuse de l'arbre, sur à peu près le quart de la circonférence, de manière, cependant, à ne point attaquer le vif, et à une hauteur d'environ 70 centimètres du sol. Cet enlèvement d'écorce ou *écorçage* a lieu pour exciter la sève par l'action de la chaleur. Quand le soleil commence à prendre de la force et à absorber l'humidité que son absence et son obliquité ont concentrée dans la futaie, ce qui arrive ordinairement du 25 mars au 1er mai, on commence à procéder à l'opération de l'incision avec une petite hache, dont le tranchant a la forme d'une gouge.

On enlève au ras de terre, dans la partie du tronc récemment écorcée, un copeau d'environ 12 centimètres de long sur 10 à 12 millimètres d'épaisseur, de sorte que le vif du tronc se trouve attaqué. A l'instant où le tranchant de la hache a fait voler le copeau, on peut voir, à la place nue, suinter, par petites bulles transparentes, une espèce de liqueur, de la même manière qu'une forte transpiration perce notre épiderme. Cette sécrétion coule le long du tronc ; elle est reçue dans une petite auge pratiquée à l'avance dans le sable, au pied de l'arbre, ou quelquefois creusée dans le charnu d'une de ses racines à découvert. Ce résidu se nomme *gemme*. Elle est enlevée tous les mois, ou du moins cinq fois dans la saison, placée dans des barriques et expédiée à la fabrique, pour y être distillée et manipulée.

L'opération de l'incision ou taille se renouvelle tous les huit jours environ et dure jusqu'au 15 octobre. L'état de l'atmosphère influe beaucoup sur la récolte de la résine : elle est plus abondante lorsque le sud a soufflé constamment, que lorsque le nord a resserré les pores du bois. Un résinier suffit au gemmage de 3,000 pins taillés *à vie*.

Après la récolte de la *gemme*, vient celle du *galipot*. On appele ainsi la résine qui, coulant du tronc pour se rendre dans l'auge, au pied de l'arbre, exposée à l'action du soleil, voit s'évaporer la portion la plus volatile de ses parties constitutives ; elle est épaissie, ne peut plus couler et demeure fixée au tronc, sous la forme d'une croûte, qui augmente à mesure qu'une autre larme est obligée de couler au-dessus pour se rendre dans le réservoir. Ce produit s'obtient au moyen d'une pelle recourbée, et on le récolte du 15 octobre au 15 janvier ; — il a moins de valeur que la gemme. Ces deux produits des pins, connus sous la dénomination générale de *résine*, forment le revenu du gemmage. Ce revenu exige un travail fatigant et soutenu, surtout en été : les chaleurs activant l'écoulement des essences, ne laissent aucun repos au résinier. Armé d'une hache et d'un *pitey*, espèce d'échelle composée d'une longue perche entaillée, du matin au soir, il court de pin en pin, grimpe sur la tige de l'arbre, à l'aide du *pitey*, et fait les incisions voulues. Cependant, le soleil brûle le sable des dunes; les cimes épaisses des pins maritimes concentrent la chaleur : le résinier se trouve alors plongé comme dans une étuve, il est ruisselant de sueur.

Sa nourriture n'est malheureusement que trop en harmonie avec cet excès de fatigue : du pain de seigle, une tranche de lard rance, dont le jus salé, versé dans un vase rempli d'eau bouillante et de pain, sert d'assaisonnement à la soupe, de sardines de Galice, de l'eau corrigée avec du vinaigre et rarement avec du vin, tel est le menu des trois repas qu'il fait tous les jours de l'année, à l'exception du dimanche.

Donc, le résinier est sobre et laborieux. Il a un teint hâve, brûlé ; sa taille est mince et déliée ; ses vêtements sont, comme ses goûts, de la dernière simplicité.

Sa famille entière reflète son image, elle s'asseoit à la même table, partage la même nourriture et les mêmes fatigues. La femme et les enfants s'occupent du ménage et prêtent main-forte pour la récolte de la résine. Toutes les semaines, ils vont ramasser la résine molle, qui a coulé dans le réservoir établi au bas de la tige des pins. L'automne ramène chaque année les travaux les plus grands, c'est l'époque principale de la récolte. Au lever du soleil, toute la famille est sur pied dans la forêt, avec des serviettes de serge grossière et des pelles recourbées, pour l'extraction de la résine blanche ou *galipot,* adhérente à la blessure des pins ; ce *galipot* est déposé dans des moules pratiqués dans le sable, d'où on le retire pour le livrer au commerce, sous forme de grands pains de 50 à 60°kilog.

Ainsi, la solitude, le travail, la sobriété, telle est la vie des résiniers qui habitent les dunes du golfe de Gascogne ; vie pleine d'austérité s'il en fut. Ils paraissent les plus malheureux des hommes, et ils sont en réalité les plus heureux. Le nécessaire à la vie ne leur manque pas ; ils sont exempts des infirmités qu'entraînent les vices de la société ; leur éloignement du monde les met à l'abri des discordes, des haines, des jalousies et de la corruption du siècle. La santé, la paix, l'union, l'esprit de famille habitent la chaumière du résinier.

Telles furent les premières années, l'enfance et la jeunesse de Sylva Maria, dans la petite forêt d'Arcachon, années d'incomparable félicité. Loin du bruit, des agitations, des trompeuses maximes du monde, à l'ombre tutélaire du toit qui l'avait vue naître, du sanctuaire vénéré de Notre-Dame d'Arcachon, cette fleur de nos forêts se développa, grandit et conserva toute sa fraîcheur. Au printemps de la vie, Sylva jouissait des dons du ciel et de la terre. Sa taille, au-dessus de la moyenne, était pleine d'élégance et de grâce. Elle avait des yeux noirs, des cheveux semblables à l'aile du corbeau. Les traits de son visage ovale étaient irréprochables ; ses vêtements simples ajoutaient encore à sa beauté naturelle. Elle ne manquait pas d'une certaine distinction. La candeur, l'innocence, la vertu rehaussaient l'éclat de ses qualités physiques. Telle apparut un jour Sylva à un jeune chasseur de Bordeaux, qui s'était rendu dans la forêt d'Arcachon pour la chasse au chevreuil.

IV

Les chevreuils. — Les Chasseurs bordelais. —
Léon. — Sylva.

Le chevreuil est un habitant des dunes. Sa chasse est des plus vives et des plus amusantes ; le chevreuil est naturellement doux, familier, caressant. Doué d'une extrême sensibilité, dans ses malheurs il pleure, il gémit. C'est un modèle de fidélité conjugale : si d'un côté, la tendre chevrette se dévoue jusqu'à se livrer pour lui au chasseur, de l'autre il ne la quitte jamais quand elle allaite ses petits, fait la garde autour de la famille, l'avertit du danger, la cache soigneusement, se présente à l'ennemi, s'enfuit lentement pour engager l'attaque, et finit par sauver les objets de son amour. Le chevreuil est très-rusé, très-vigoureux, très-agile. Ses pieds touchent à peine la terre ; ses combinaisons savantes déconcertent souvent les plus habiles chasseurs, et rendent nécessaires plusieurs relais de chiens.

En 1827, la forêt d'Arcachon était, depuis un temps immémorial, peuplée de chevreuils, qui attiraient l'attention des chasseurs bordelais.

Au commencement de l'hiver, ils arrivaient nombreux avec de superbes coursiers, précédés d'une multitude de chiens achetés à grands frais, et guidés par des piqueurs dont les trompes sonores remplissaient les dunes du bruit des fanfares. La gaîté française était à l'ordre du jour ; l'or semblait couler des mines du Pérou ; rien n'était épargné pour le plaisir enivrant de la chasse.

Le jour de l'ouverture est venu : la population testerine accourt, se presse autour des cavaliers et des amazones ; les piqueurs sont armés de leurs instruments, une meute de cinquante chiens les entoure, s'agite, se dresse, bondit, va et vient dans tous les sens, et attend avec impatience le moment du départ. Au premier signal, elle s'élance et disparaît au milieu des bois avec les chevaux et les cavaliers. Tout-à-coup on s'arrête, on fait silence, on examine, on découvre les traces de la présence d'un chevreuil ; vingt chiens d'attaque sont lancés aussitôt ; le prudent limier qui les précède, s'en va muet dans les broussailles et surprend l'ennemi. Effrayé, le chevreuil fait un bond et disparaît. Mais bientôt étonné de n'entendre aucun bruit, attiré par la curiosité, il revient sur ses pas, s'assied sur son dos pour calmer son émotion et regarder autour de lui. Le piqueur l'aperçoit et sonne le *lancé*, la meute se précipite, chacun à son poste. Au milieu des pins sonores, on n'entend plus que le bruit confus des cors et des hurlements qui ébranlent la forêt. Le chevreuil parcourt les vallons, les collines, croise dans toutes les directions.

La meute s'égare ; la trompe la ramène ; un nouvel assaut est donné. Dans le lointain, c'est un murmure confus qui devient de plus en plus distinct ; le chevreuil arrive au premier relai ; de nouveaux ennemis l'y attendent. Saisi d'effroi, il redouble d'ardeur, mais enfin ses forces diminuent, il *est mal mené, ses allures sont déréglées*. Il rencontre un troisième relai ; c'est l'arrière-garde qui l'attend, l'entoure et le fait tomber mort sous une grêle de balles.

Un cri de joie retentit dans la forêt, la chasse est finie, on se presse autour du chevreuil, on l'examine attentivement, on compte le nombre de ses années par les nœuds que présentent ses *andouilles*. Les chasseurs rentrent en triomphe à Arcachon, dans l'établissement Legallais.

Le lendemain, le plaisir recommence : cette fois on doit se borner à *forcer* le chevreuil, sans le tuer. Les chasseurs vont frapper à la porte de la chaumière de Sylva ; son père a la réputation de connaître parfaitement les lieux fréquentés par l'agile quadrupède. Il se rend volontiers au désir des chasseurs et se met en route à leur tête.

A quelques pas à l'est de la chapelle vénérée, dans un bas-fond entouré de dunes et rempli d'arbustes verdoyants, il découvre un chevreuil. L'assaut est donné : mis en fuite par le bruit de ses ennemis, le timide animal disparaît au milieu des bois avec la rapidité de l'éclair. Plusieurs fois il parcourt toute la forêt d'Arcachon, arrive sur les bords du bassin, tantôt à la pointe de *Bernet*, tantôt à celle de l'*Aiguillon;* il va et vient dans toutes les directions. Inutiles efforts, la meute le suit et le serre de près. Épuisé de fatigue, acculé sur le rivage, non loin de l'établissement Legallais, il se précipite à la nage : un marin le recueille dans sa nacelle. La chasse est finie.

Hélas ! depuis environ vingt ans, cette chasse si attrayante et si avantageuse pour la contrée, n'existe plus. Des vandales ont détruit les chevreuils, et la vieille forêt d'Arcachon, dépeuplée, solitaire, ne peut se consoler de la perte de ses anciens habitants ravis à sa tendresse ; elle ne voit plus ses genêts, ses arbousiers, ses bruyères, s'incliner avec joie pour nourrir des hôtes aimables. Des troupeaux de chevreuils ne s'enivrent plus, en broutant les pousses naissantes de ses arbrisseaux ; elle est plongée dans le deuil.

Durera-t-il toujours, ce long veuvage? finira-t-il bientôt ? Si les droits d'usage et le morcellement des propriétés suscitent des difficultés pour l'introduction et la conservation des chevreuils, ces obstacles sont-ils insurmontables ? Ne pourrait-on pas créer dans le pays une commission pour aplanir les difficultés ? De toutes les forêts du Midi de la France, celles d'Arcachon et de La Teste sont les seules qui se prêtent admirablement à cette création, soit par la nourriture abondante et délicieuse qu'elles possèdent, soit par leur immense étendue, soit principalement par les barrières qui existent naturellement : au nord, le bassin d'Arcachon ; au midi, les semis et l'étang de Cazeaux ; à l'ouest, l'Océan ; à l'est, une autre mer, c'est-à-dire les Landes, tiendraient les chevreuils enfermés comme dans un vaste parc, d'où il leur serait impossible de sortir.

Puisse notre forêt se réjouir bientôt du retour de ses hôtes bien-aimés, son ornement et sa gloire ! Puissent nos dunes tressaillir sous les pas des chasseurs, et les échos de nos bois redire les hurlements des chiens, les bruyantes fanfares et les cris de joie des chasseurs !

On raconte qu'un jour, *il y a vingt ans,* cette joie fit place subitement à une profonde tristesse : un chevreuil *à trois cors* venait d'être tué ; les chasseurs accouraient pour contempler la proie ; l'un d'eux ayant oublié de désarmer son fusil, une branche de chêne lâche la détente, et l'infortuné jeune homme est frappé dans la région du cœur. Il tombe à la renverse sur son coursier qui, effrayé de la détonation, de la chute, et ne sentant aucune main qui le retienne, prend le mors aux dents, traverse les vallons et les collines, au milieu des broussailles, traîne et met en lambeaux le corps de son maître.

C'était un jeune homme des premières familles de Bordeaux : il s'appelait *Léon.* On dit qu'il se donna volontairement la mort, parce que Sylva, qu'il avait demandée plusieurs fois en mariage, refusait toujours de l'épouser, et lui préférait un jeune résinier de la forêt. On dit qu'à la nouvelle de cette affreuse mort, Sylva répandit d'abondantes larmes, se mit en prière pour cet infortuné, reconnut un châtiment du ciel pour Léon qui, sourd aux instances de ses parents, ne craignait pas de se mésallier, en épousant la fille d'un pauvre résinier ; qu'elle fut affermie dans sa résolution de rester dans la condition où le ciel l'avait fait naître ; et que bientôt après, elle quitta la forêt d'Arcachon pour celle de La Teste, après avoir donné sa main à un résinier, dont la famille était depuis longtemps liée d'amitié avec la sienne.

V

La montagne. — Naissance de Léonard. —
Entreprise des semis.

La grande forêt usagère de La Teste, connue sous le nom de *montagne,* a une superficie de 3,977 hectares. Elle est bornée au nord par les semis de l'État, qui ont remplacé la forêt incendiée par les Vandales et envahie par les sables ; à l'est, par la plaine de Cazeaux, le canal d'Arcachon et l'étang de Cazeaux ; au sud, par le même étang et les semis de l'État ; à l'ouest, tout entier par les semis des dunes, qui la séparent de l'Océan atlantique. Elle est peuplée d'arbres pins de dimensions extraordinaires, de chênes séculaires, d'arbousiers, de houx, de bouleaux, de trembles, d'ajoncs, de bruyères, etc... Elle offre, à chaque pas des accidents de terrain, des coteaux, des vallées de toutes sortes, qui forment les sites les plus ravissants et les points de vue les plus pittoresques. Elle présente l'image des forêts du Nouveau-Monde, chantées par Chateaubriand.

Voici le spectacle dont on jouit du sommet d'une de ses collines : Autour de soi et à ses pieds, un immense tapis de verdure formé par les bois ; à l'est, les vastes plaines de Cazeaux et de Gujan, traversées par le canal qui réunit l'étang de Cazeaux au bassin, et arrose la plaine où sont des vignobles, des champs de blé, de riz et de tabac ; au midi, l'étang paisible de Cazeaux, le plus grand et le plus profond des lacs du littoral. Situé à 20 mètres au-dessus du niveau de la mer, ce grand réservoir d'eau douce et transparente comme le cristal, semble destiné par la nature à arroser les plaines qui l'entourent et alimenter la nouvelle cité d'Arcachon. Au nord, le bassin, dont l'étang de Cazeaux semble reproduire l'image, dessine ses grâcieux contours, décrit un arc immense à travers la forêt, et ressemble à un gigantesque dragon azuré, mollement étendu sur la lisière des bois ; à l'ouest, en tirant vers le nord, c'est le détroit orageux, où les flots sans cesse agités, donnent une écume pareille à la neige des montagnes : ils se précipitent en avant comme une armée de chevaux blancs. Au-delà du détroit, vous voyez l'Océan dans toute sa majesté, avec son horizon sans bornes.

C'est au pied de cette dune élevée, dont le sommet offre cet imposant tableau, que se trouvait, il y a peu d'années, une bien modeste chaumière. Plus pauvre que celle de *Sylva*, elle était toute en bois, recouverte de chaume et noircie par la fumée. Telle était la demeure du jeune résinier qui épousa Sylva. Ils l'habitèrent ensemble jusqu'en 1849, l'espace de seize ans, loin du bruit du monde, dans une profonde solitude. Au sein d'une honnête aisance, fruit du travail et de l'économie, dans une douce union qu'aucun nuage ne troubla jamais, ils furent heureux. Après un an de mariage, ils eurent un fils qui mit le comble à leur félicité. Le riche propriétaire de la pièce de pins qu'ils exploitaient, voulut être parrain de cet enfant, lui donna son nom, et lui promit son héritage. Il s'appelait *Léonard*.

C'était un vieillard aux cheveux blancs, petit, mais droit et bien fait. Sa figure brunie, son regard et son maintien assurés, sa phisionomie, son langage, tout chez lui annonçait le marin. Un ruban rouge était négligemment noué à la boutonnière de sa longue redingote.

Léonard était le marin par excellence : on l'avait surnommé le *loup de mer*. Il naquit en 1774, au *cap Ferret*, langue de terre qui sépare l'Océan du bassin d'Arcachon. Son berceau fut le lit d'un pêcheur, dans une de ces nombreuses cabanes de chaume qui, de loin, semblables à des ruches d'abeilles, sont placées à l'extrémité du cap Ferret et retentissent sans cesse des plaintes de l'Océan. Marin par sa naissance, Léonard le fut par le cœur toute sa vie. A l'âge de douze ans, son père le prenait à la pêche du *péougue* (pelagus), qui veut dire *océan*. En traversant la passe redoutable, il apprit de bonne heure à se familiariser avec elle. Devenu grand, il abandonna la *pinasse* et la pêche, pour les *chasse-marées*, et fit la traversée de La Teste à Nantes, pour le commerce de la résine.

En 1793, il entre dans la marine de l'État comme simple matelot, à bord du vaisseau l'*America*, et assiste à la bataille du 13 prairial, contre les anglais, qui le font prisonnier et l'envoient sur les pontons, à Plymouth. Rendu à la liberté et rentré en France, il est bientôt rappelé au service, se rend à Saint-Domingue, à la Jamaïque, et enfin, avec le grade de second maître de timonnerie sur le vaisseau l'*Algésiras*, il se distingue à la trop célèbre bataille de *Trafalgar :* après un combat sanglant, resté seul avec l'amiral sur le *gaillard d'arrière,* il soutient les efforts de l'ennemi et gagne la croix des braves.

Rentré dans sa patrie, après le désastre de Trafalgar, Léonard fit souvent la traversée de Nantes. Mais enfin l'âge ne lui permettant plus de naviguer à l'époque dont nous parlons, il vivait seul avec sa femme, sans enfants, dans une honnête aisance.

Il avait acheté dans la *montagne,* la pièce de pins qu'exploitait le mari de Sylva. La vie laborieuse et heureuse de ces résiniers ayant fixé son attention, le vieillard s'était attaché à eux et les visitait souvent. Touché de l'attention délicate des résiniers, lorsqu'ils le firent parrain, il adopta leur enfant, le fit élever à ses frais, et le leur remit à l'âge de quinze ans. L'enfant savait très-bien lire et écrire, et son parrain regrettant qu'il exerçât la profession de son père, résolut d'assurer l'avenir de toute la famille, en l'associant à une entreprise de semis des dunes. Fidèle à ses principes, Sylva voulait rester dans la position où la Providence l'avait placée : se trouvant heureuse de la vie des résiniers, elle ignorait si le bonheur l'accompagnerait dans une autre profession; elle redoutait le changement, dominée par la pensée qu'il mettrait un terme à sa félicité. Les femmes ont l'instinct de l'avenir : il les guide beaucoup mieux que la raison humaine. Ce que le bon sens nous démontre, l'instinct le leur dicte ; elles voient les choses comme par intuition. Sylva se trouvant assiégée par de tristes pressentiments, détournait son mari du projet de Léonard. Le résinier partageait facilement son opinion. Mais enfin, les instances du vieux marin furent si fortes, ses promesses si belles, qu'il triompha de la résistance de Sylva ; et le résinier se fit entrepreneur des semis de pins des dunes.

VI

Origine des semis de pins. — Importance de la fixation des dunes.

Les vieilles forêts usagères de La Teste et d'Arcachon, qui, depuis un temps immémorial, couvrent nos sables, démontrent clairement que les anciens habitants du pays n'étaient point étrangers à la pratique de l'ensemencement des dunes. Dans les temps modernes, l'histoire nous apprend que le captal *Alain-Amanieu de Ruat* fixa, en 1736, diverses dunes, dont les forêts naissantes furent incendiées par la malveillance.

Les procédés employés étaient sans doute encore imparfaits, mais ils pouvaient être perfectionnés, et la réussite ne paraissait pas devoir être douteuse. *François-Amanieu de Ruat*, fils du précédent, résolut de s'opposer à l'envahissement toujours croissant des sables. Il demanda le concours des habitants de La Teste pour l'ensemencement de ceux qui menaçaient la paroisse. Malheureusement, la spéculation s'en mêla (dit M. Oscar Dejean, page 87); quelques bourgeois influents, qui voulaient faire cette entreprise par actions, contrarièrent les projets du captal, et, pour le moment, les choses en restèrent là.

Cependant, *M. de Ruat* adressait au roi, en 1776, une requête sur le même objet.

D'un autre côté, l'abbé *Desbiey (Louis-Mathieu)*, qui, de concert avec son frère, *Guillaume Desbiey*, entreposeur des tabacs à La Teste, avait parfaitement réussi, en 1769, à fixer, au moyen de semis de pins, la dune de *Broque-Finage*, qui menaçait d'engloutir leur bien patrimonial de *Saint-Julien-en-Born (Landes)*, *l'abbé Desbiey* lut, le 25 août 1774, en séance publique de l'Académie de Bordeaux, dont il était secrétaire, un mémoire sur la fixation des dunes par les semis de pins. Ce mémoire, intitulé : *Recherches sur l'origine des sables de nos côtes, sur leurs funestes incursions vers l'intérieur des terres, et sur les moyens de les fixer ou au moins d'en arrêter les progrès*, remporta, en 1776, le prix proposé par l'Académie de Bordeaux, à laquelle il avait été présenté sous le nom de *Guillaume Desbiey*, frère de l'abbé.

Enfin, M. le baron *Charlevoix de Villers*, ingénieur en chef de la marine, venu, en 1768, en mission officielle à La Teste, avec M. le comte *du Muy*, maréchal de France, et M. *de Carny*, lieutenant de vaisseau, pour rechercher les moyens d'améliorer la passe du bassin d'Arcachon et d'y créer un port, M. *de Villers* composa, sur l'immobilisation des sables des dunes par les semis de pins, un mémoire qui fut remis au ministère de la Marine, et dont M. *de Sartine* envoya des copies à Bordeaux.

A l'aide de tous ces documents, et après avoir procédé lui-même à des expériences qui paraissent remonter à l'année 1776, M. Brémontier, alors simple sous-ingénieur, et plus tard inspecteur-général des ponts-et-chaussées, publia, en 1780, un travail, dans lequel il démontrait l'infaillible succès de la vaste entreprise d'ensemencement des dunes, qui devait garantir d'une perte inévitable les propriétés situées, depuis l'embouchure de la Gironde jusqu'à celle de l'Adour. Heureusement pour ces contrées, les propositions de M. Brémontier reçurent un favorable accueil, et il fut chargé lui-même, en qualité d'ingénieur en chef à Bordeaux, de diriger l'application des procédés qu'il avoit indiqués. Les premiers travaux furent commencés en 1786, et ils réussirent parfaitement : un éclatant succès couronna cette grande et généreuse entreprise. Brémontier poursuivit son œuvre avec un zèle infatigable, une admirable persévérance. Pendant vingt-cinq années consécutives, il ne cessa pas de se livrer à des recherches, des essais, des expériences sans nombre, et obtint des perfectionnements qui rendirent l'usage de ses procédés aussi simple qu'économique.

Les brillants éloges donnés à cet habile ingénieur par plusieurs sociétés savantes, et la gratitude des populations du littoral du golfe de Gascogne, ont placé Brémontier au nombre des bons citoyens, des hommes utiles à la patrie. Certes, on ne pourrait, sans injustice, oublier de rendre à ses généreux devanciers, les *de Ruat*, les *Desbiey*, les *de Villers*, le tribut de reconnaissance qu'ils méritent sous tous les rapports ; mais, il faut aussi proclamer hautement que, sans l'initiative de Brémontier, sans son énergique persistance, tous ces projets, si habilement conçus, n'auraient été exécutés que bien des années plus tard, alors peut-être que La Teste, comme tant d'autres localités, aurait été ensevelie sous ces mêmes dunes de sables qui, couvertes aujourd'hui de superbes forêts, l'abritent, la protègent et l'embellissent, en même temps qu'elles offrent à ses habitants une nouvelle source de travail, un nouveau gage de prospérité.

Au sein même de ses forêts, non loin de l'église de La Teste, s'élève un modeste cippe en marbre rouge, orné d'une couronne de chêne entourant une fleur de lis, et sur lequel on lit ces mots :

L'an MDCCLXXXVI,

sous

les auspices de Louis XVI,

N^{as} Brémontier,

inspecteur-général des ponts-et-chaussées,

Fixa le premier les dunes

Et les couvrit de forêts.

En mémoire du bienfait,

Louis XVIII,

Continuant les travaux

De son frère,

Éleva ce monument.

Ant^e Lainé,

Ministre de l'intérieur.

Cam^{le} comte de Tournon,

Préfet de la Gironde.

MDCCCXVIII.

Dans le procès-verbal dressé, en 1835, pour la cession des semis à l'administration des forêts, il a été stipulé que le cippe élevé sur la dune Brémontier, à la mémoire de cet ingénieur, resterait sous la garde de l'administration des ponts-et-chaussées. Il est situé au milieu d'une place circulaire, à laquelle aboutissent de larges allées, afin que les étrangers puissent, sans se perdre dans les bois, visiter cette modeste pierre, et rendre hommage à un bienfaiteur de l'humanité, **sur le théâtre même de ses bienfaits.**

Les successeurs de Brémontier ont su marcher admirablement dans la voie qu'il leur avait tracée. Grâce au zèle et aux lumières des *C. Deschamps*, inspecteur-général des ponts-et-chaussées, des *Malor*, ingénieur en chef, des *Chambrelent* et des *Ritter*, ingénieurs ordinaires, les travaux d'ensemencement se sont exécutés promptement, surtout depuis environ dix ans.

1° Ainsi, ces montagnes mouvantes sont presque partout immobilisées ; le génie a fécondé le désert ; une épaisse forêt couvre, protège, ombrage des sables arides et brûlants. Les yeux du navigateur se reposent agréablement sur des coteaux toujours verdoyants, qui ont succédé à ce rivage jaunâtre, perfide, où rien de fixe ne pouvait le guider au milieu des périls.

Les habitants de la contrée n'ont plus à redouter les envahissements des étangs, de la mer et des sables. Le pays tout entier, sur une longueur de 233 kilomètres, depuis la pointe de Grave jusqu'à l'Adour, se trouve protégé. Les ravages des temps passés ne sont plus à craindre : une barrière insurmontable met les champs et les habitations à l'abri de tout danger. Le merveilleux système de Brémontier a parfaitement réussi ; les plantations se trouvent magnifiques ; l'humidité habituelle des sables, favorisant singulièrement la végétation, les pins, habitués à ne donner de la résine qu'au bout de 25 ans, dans la partie des landes où leur culture est le plus en vigueur, en produisent ici à 15. — « Les arbres résineux ne sont pas les seuls, dit le savant M. *Thore,* qui puissent végéter dans les dunes, toutes les espèces de chênes, l'aulne, le saule, l'arbousier, le houx, le châtaignier, les aliziers, les pruniers, les cerisiers, la vigne et surtout le figuier, y réussissent admirablement. Toutefois, l'emploi des arbres qui conservent leurs feuilles pendant l'hiver a dû être préféré : ils sont nécessaires pour rompre l'action des vents, et empêcher l'introduction des sables dans les plantations. »

2° L'ensemencement des dunes n'est pas une de ces opérations hasardées, sans résultats, où les fonds de l'État vont se perdre, dans le seul but de défendre un pays constamment attaqué par un ennemi redoutable ; c'est, au point de vue financier, un projet éminemment avantageux ; les bénéfices qu'il présente sont énormes ; car le revenu en résine seulement peut s'élever à plus de 30 pour cent sur les capitaux déboursés pour l'ensemencement, dit M. *Dehillotte Ramondin,* le plus célèbre des entrepreneurs de semis des dunes.

« Le gouvernement, ajoute-t-il, dans sa brochure publiée en 1844, le gouvernement, qui poursuit avec une si louable persévérance la fixation des sables que la mer jette constamment sur nos côtes, est donc assuré de trouver, dans l'œuvre grandiose qu'il dirige, une source d'excellents revenus, dans un avenir peu éloigné, en conservant à la France une zone de pays immense, habitée par une population industrieuse, digne du plus grand intérêt, par les services qu'elle a rendus et rend encore à l'État. »

Remarquons en passant que le pin maritime est le meilleur et le plus productif de tous les arbres ; en effet, de 15 à 25 ans, il produit l'échalas et le charbon ; de 25 à 150, il donne de l'essence, de la résine et du goudron ; enfin, lorsqu'il est *mis à perdre,* il fournit du bois de menuiserie, de charpente et de chauffage. La souche sert en outre à faire du goudron.

D'après l'estimation généralement admise, le pin, mis en production, rapporte trente-cinq centimes net au propriétaire, c'est-à-dire cinquante-deux francs 50 centimes par an et par hectare. Un hectare comporte, terme moyen, cent-cinquante pins, valant chacun dix francs pièce, pour le bois seulement, à l'âge de cinquante ans ; de là, un revenu de trois arbres ou de trente francs par an. Ainsi, un hectare de pins doit rapporter, en résine ou en bois, un revenu annuel de quatre-vingt-deux francs cinquante centimes, qui, à cinq pour cent, élève la valeur d'un hectare à seize cents-cinquante francs 50 centimes, sans que nous tenions compte des revenus en échalas, charbon, chauffage et goudron.

N'avions-nous pas raison d'avancer que, tout en préservant les landes de l'invasion des sables, le gouvernement trouve un trésor dans les semis de pins des dunes ? Quelques milliers de francs lui donnent des millions.

VII

Étude de physiologie pratique sur le pin maritime.

Les importantes considérations qui précèdent, nous amènent tout naturellement à une étude de physiologie pratique sur le pin maritime (1), protecteur de notre pays et trésor de nos dunes.

Tout le monde sait que la végétation des plantes est le résultat combiné du sol, du calorique, des circonstances atmosphériques, de la lumière et de l'électricité. Tout le monde sait aussi que le pin maritime est, comme tous ses congénères, composé dans ses détails, du pivot, des racines, de la tige ou tronc, des branches et feuilles (2), de l'écorce, de l'aubier et du bois. Ce

---

(1) Cet arbre est cultivé en Provence, en Bretagne, dans le Maine, dans l'Orléanais, à Tortose, en Espagne et à la Louisiane.

(2) Les feuilles du pin sont monoïques ; elles tombent à la 3ᵐᵉ année. Il est fertile à 12 ou 15 ans.

sont au moins là ses principales parties, les seules dont nous ayons à nous occuper ici.

Dans toutes ces différentes parties de l'arbre pin circulent en nombre incalculable, les vaisseaux *lymphatiques* ou *séveux* dont elles reçoivent exclusivement une nourriture et une existence communes. Il y a aussi les vaisseaux *propres* qui contiennent le *suc propre* ou résineux.

Puisque nous savons déjà d'une part quels sont les principaux agents de la végétation, et de l'autre quel est le résultat de celle-ci (la formation et l'accroissement du pin lui-même), nous allons étudier succintement l'action de chacun de ces agents sur le système organique de l'arbre. Cette étude nous apprendra probablement les lois de l'économie générale du pin ; elle nous enseignera quels sont les agents les plus actifs de son accroissement, quelle est la meilleure éducation à lui donner, et *nous démontrera qu'il est l'arbre le plus utile et plus productif de la création*.

Le pin maritime vient dans presque tous les terrains légers et dans les sables même les plus arides.

Parmi les éléments qui concourent le plus activement à sa végétation, et surtout à la formation de sa *sève*, on remarque d'abord *l'humidité* (ou l'eau et la chaleur) qui me semble, dit le savant abbé Sennebier, nécessaire à la dilatation des vaisseaux et des fluides qu'ils contiennent. La chaleur de la terre étant toujours plus grande que celle de l'air, c'est probablement cette chaleur qui entretient celle de l'arbre : voilà pourquoi il peut être imprudent d'enlever la mousse et les feuilles répandues sur la surface du sol, dans les pinières.

Il résulte d'expériences que les racines du pin ont, comme celles de tous les arbres, la faculté de pomper l'eau dans leur voisinage, pour la transmettre par leurs vaisseaux lymphatiques jusqu'au sommet de l'arbre, et que les tiges, les branches et les feuilles, qui vivent dans une atmosphère où il y a toujours plus ou moins d'eau, ont également la faculté d'attirer l'eau dans laquelle on les fait plonger.

De plus, il paraît que les feuilles rendent par l'évaporation, une partie de l'eau qu'elles reçoivent des racines, qu'une partie de celle qui y reste se décompose et donne à l'arbre une autre nourriture dans ses éléments. Mais, la nuit, les feuilles ne peuvent rendre aucune eau, puisqu'il n'y a pas d'évaporation. Il est vraisemblable alors que l'eau tirée par les feuilles reflue vers les racines et y trouve un moyen pour s'échapper par une espèce d'attraction du sol. Ainsi, il faut reconnaître la *sève ascendante* et la *sève descendante.*

La première aurait lieu principalement le jour, et la seconde, sans aucun doute, pendant la nuit.

Il faut donc induire de ce qui précède que les pays boisés sont plus sains parce qu'ils sont moins humides ; Qu'il ne faut pas élaguer les branches du pin, non-seulement parce qu'elles contribuent, pour leur part, à l'assainissement au sol, mais surtout parce que leur but essentiel étant d'absorber et d'élaborer, au moyen des feuilles, les sucs *aqueux* ou *séveux* de l'arbre, la *lymphe* ou *sève* est d'autant moins abondante que les feuilles et branches sont moins nombreuses, et le pin prend d'autant moins d'accroissement que la circulation de la *sève* est moins active. Cet élagage est surtout nuisible quand il est pratiqué à un âge où le pin ne forme plus de nouvelles branches, c'est-à-dire vers l'âge de trente ans.

La sève est mise en mouvement par le soleil ou la

lumière qui contribue non-seulement à l'évaporation, par les feuilles, des sucs aqueux contenus dans les végétaux, mais qui agit encore sur ceux-ci comme un corps échauffant ; et l'on doit croire, d'après les expériences du comte *Morozzo* et d'*Ingenhous*, qu'elle influe sur leur couleur, principalement par son action combinée avec la résine qu'ils contiennent tous en plus ou moins grande quantité, c'est-à-dire par son affinité avec l'oxigène qu'elle arrache à l'air fixe, pour élaborer cette matière résineuse. C'est au moins alors qu'elle verdit les feuilles des tiges.

Ainsi, les feuilles des arbres seraient d'autant plus vertes, que l'arbre lui même contiendrait plus de liqueur résineuse. Or, le pin, contenant plus de résine que les autres végétaux, doit peut-être à cette propriété de conserver son feuillage toujours vert. Et, chose remarquable, mais que je ne recherche point à expliquer, la beauté du feuillage dans les pins me paraît être en raison directe de la fluidité de leur résine. Ainsi, le suc résineux du pin maritime, dont le feuillage d'un vert presque noir, est d'un aspect si triste que les anciens l'avait pris pour emblème des sombres pensées, contient beaucoup moins de parties rolatiles que la résine du pin du Nord, par exemple, ou bien encore du pin du *Lord* ou pin blanc d'Amérique, dont l'aspect est beaucoup plus grâcieux et plus riant.

Il faut également constater ici, que les expériences de *Bonnet* prouvent que les bois formés à l'obscurité ont moins de consistance que ceux qui ont été formés à la lumière. Donc, il faut reconnaître l'utilité rigoureuse d'éclaircir beaucoup les pinières. On aura ainsi des bois d'une meilleure qualité, d'une valeur pécuniaire plus considérable ; les futaies rapporteront davantage et plus souvent.

Ce corollaire me paraît incontestable.

Il résulte aussi d'expériences faites principalement de 1785 à 1789, par tous les physiciens de l'Europe, que l'*électricité* joue un grand rôle dans la végétation des plantes ; et l'on droit croire que les arbres sont souvent frappés de la foudre, parce qu'ils attirent sans doute l'électricité avec plus d'abondance qu'il ne peut en passer au travers de leurs fibres conductrices, d'autant plus que les parties résineuses des plantes ferment beaucoup de passage au fluide électrique,

Or, le gemmage, en débarrassant les vaisseaux *pro-*

pres du pin, de la résine qu'ils contiennent, permet peut-être à l'électricité de passer ; et la combinaison de celle-ci avec les autres corps fait peut-être croître l'arbre plus vivement. Ce qui expliquerait l'opinion des landais, qui disent que *le pin meurt noyé dans sa résine,* si on n'a pas le soin de lui faire rendre ce produit en temps opportun. Il paraît d'ailleurs hors de doute dans le Midi que la végétation du pin résiné est plus active que celle du pin qui ne l'a pas été.

Nous venons d'examiner de quelle manière se produit sur le pin l'influence des éléments extérieurs, voyons maintenant quel est le travail auquel leur cominaison simultanée donne lieu dans l'intérieur de l'arbre lui-même.

Nous avons parlé plus haut de la formation de la *sève* et de sa circulation par les vaisseaux *lymphatiques* ; étudions maintenant la formation ou plutôt la composition des sucs *propres* ou *résineux,* ou de ce qu'on appelle vulgairement la *gemme.*

Commençons par dire que ces sucs existent bien réellement, puisque *Duhamel* et *Malpighi* ont reconnu les canaux *propres* qui servent à leur circulation, en disséquant une branche de pin. Ces canaux paraissent plus grands que ceux qui renferment la lymphe ; donc la sève et la résine sont deux choses différentes et distinctes.

La résine ou *gemme*, dit l'illustre Sennebier, se forme vraisemblablement par l'oxigène, ou même peut-être par l'air pur, que la décomposition de l'air fixe et de l'eau fournit aux huiles éthérées. C'est donc par cette combinaison que ces huiles éthérées se changent en résine et deviennent une partie constituante du bois ou sa partie résineuse. En effet, le suc propre ou *résineux* du pin est fabriqué dans le parenchyme des feuilles, de l'écorce et des racines ; il existe dans l'aubier à l'état de térébenthine fluide et il tend à se solidifier à mesure que le pin vieillit, c'est-à-dire à mesure que les couches de l'aubier deviennent couches ligneuses parfaites. La résine est donc une partie constitutive du bois; ceci paraît hors de doute.

Il est utile de remarquer que le suc résineux du *pin maritime*, existant à l'état de térébenthine dans l'aubier, c'est aussi de cette seule partie de l'arbre que l'on obtient la résine molle ou *gemme*, par les incisions du gemmage. Sennebier constate, et j'ai souvent fait moi-même la même observation, que le suc propre dans le pin sort du haut et du bas de l'entaille ou *incision* et qu'il ne coule qu'un moment des parties supérieures et inférieures de l'entaille, tandis qu'il continue de descendre des parties supérieures, lorsque la partie inférieure cesse d'en fournir. Il ajoute que la résine coule toujours de la partie la plus éloignée des racines, de sorte que son cours n'est jamais dans la direction des racines vers les branches, mais toujours dans celles des branches vers les racines.

De cette démonstration, j'induis raisonnablement à mon avis :

1º Que le calorique est l'agent principal de la formation du suc propre, puisque celui-ci est formé surtout par la sève descendante, qui a sa source dans les feuilles.

2º *Qu'il ne faut par conséquent jamais émonder les pins, surtout quand on veut en extraire la résine ;*

3º Qu'en outre, l'émondage est peut-être souvent la cause de la mauvaise qualité de certains bois de pins. — Ceci s'expliquerait par la moins grande abondance de sucs propres ayant concouru à la formation de la partie ligneuse, dont la densité serait alors moins considérable.

C'est probablement aux résines que le pin et les plantes en général, qui en contiennent plus ou moins, doivent leur puissance de résister aux grands froids sans périr ; car il faut observer que les pins les plus résineux sont les plus rapprochés du pôle ; exemple : le pin de Riga. Mais sa résine est bien plus au cœur de l'arbre que vers la circonférence ; elle est bien plus liée entre les pores du bois et bien plus compacte avec lui. C'est pourquoi je pense que l'on ne peut le gemmer sur pied, quoiqu'en disent les auteurs. On en extrait seulement du goudron après qu'il est abattu.

Maintenant, comment le suc propre est-il produit ? comment la lymphe passe-t-elle à cet état ? Nous savons que la lymphe ou sève, qui n'est pas l'eau pure, après avoir passé par d'innombrables ramifications, se débarrasse de ses parties aqueuses et laisse dans l'arbre celles qui sont solides. Mais comment la combinaison de ces parties solides produit-elle le suc propre ? C'est là, dit le savant auteur déjà cité, que notre faible vue est arrêtée.

Mais s'il n'est pas donné à notre intelligence de pénétrer ce mystérieux travail de la nature, elle peut, elle doit même rechercher les avantages que l'homme peut en retirer. En effet, dans la nature, rien n'existe sans un but d'utilité, et il est évident que si la Providence, au lieu de donner au pin la force et la durée du chêne, lui a donné une végétation plus prompte et l'a rendu en outre dépositaire de produits résineux, elle a dû, dans sa profonde sagesse, en agir ainsi pour notre plus grand intérêt. Et en considérant de quelle immense utilité est la résine dans les sciences, dans les arts et dans mille circonstances de la vie usuelle, je suis très-porté à croire que le pin est destiné à fournir des produits en résine autant que des produits en bois. Cette double destination en fait l'arbre le plus utile et le plus productif de la création ; et on ne saurait lui accorder trop de soins, ni trop étudier toutes les ressources qu'il peut présenter.

VIII

Propriété des dunes.

Les dunes du golfe de Gascogne, celles du moins qui se trouvent dans le voisinage de La Teste et d'Arcachon, appartiennent aux communes et non à l'État. Telle est la solution à laquelle nous a conduit l'étude impartiale et approfondie de la question.

1° L'histoire de cette contrée, nous montre les Boïens comme premiers habitants des dunes longtemps avant l'ère chrétienne.

En qualité de premiers occupants, ils possédèrent ces montagnes de sable et trouvèrent le merveilleux secret de les immobiliser, de les féconder, par des semis de pins, de chênes, etc. Telle est, comme nous l'avons déjà dit, l'origine de la grande forêt usagère de La Teste et de la petite forêt d'Arcachon. Elles ne formaient ensemble qu'une seule forêt. Les Vandales la partagèrent en deux, en détruisant les travaux de défense élevés par les Boïens : les sables dès-lors envahirent une partie des bois.

2° Quoiqu'il en soit de ce titre, en qualité de premiers occupants en faveur des habitants actuels du pays, le 23 mai 1550, *Frédéric de Foix de Candale, captal de Buch, concéda aux paroissiens, manans et habitants des paroisses de Gujan, Cazeaux et La Teste, tous les Padouens et vacants es dites paroisses, et ce moyennant 800 livres tournois payées au Seigneur.*

Dès-lors, les terres vaines et vagues (c'est-à-dire les dunes), existant sur le territoire de La Teste, devinrent la propriété irrévocable des habitants du Captalat, et formèrent les communaux, que la loi de 1857 a bien voulu réglementer, autant dans l'intérêt public que dans l'intérêt particulier.

Il est vrai que l'État a ensemencé les dunes, mais il ne l'a fait que dans un but d'utilité publique, afin de protéger le sol contre l'envahissement des sables. Son but est clairement déterminé dans le décret du 14 décembre 1810. Il en résulte que s'il a mis la main sur les dunes cette main mise n'est que provisoire, et n'implique nullement une prise de possession complète et définitive au profit de l'État. La loi et la jurisprudence ne permettent de considérer l'ensemencement des dunes, que comme le travail d'un pouvoir exécutif : c'est une mesure de haute administration prise en vue de l'intérêt général, et nullement pour acquérir, la prescription aidant, les terrains ensemencés. D'ailleurs, il n'y a pas de prescription contre les mineurs ; et les communes sont mineures.

3° Dira-t-on que les dunes, étant un *lais* et *relais* de la mer, font partie du domaine de l'État et se trouvent inaliénables ?

Les dunes sont purement et simplement des terres vaines et vagues : emportés par les vents, les sables du rivage de la mer ont, comme nous l'avons déjà dit, envahi les forêts ensemencées du temps des Boïens avant l'ère chrétienne. Les troncs d'arbres d'une grosseur extraordinaire, les débris de matériaux provenant de fours à résine et à goudron, qu'on rencontre souvent ensevelis dans les dunes, démontrent jusqu'à l'évidence, que ce sol était couvert de forêts dès la plus haute antiquité.

Donc, les dunes ne sont que des terres vaines et vagues, qui, après avoir été la propriété des premiers habitants, ensuite celle des seigneurs, sont enfin devenues irrévocablement la propriété des communes, en vertu de la *baillette* de 1550 et de la transaction de 1746. Les lois de 1792 et 1793 traitent les dunes de propriétés communales. Ensemencées par l'État, à défaut de ressources suffisantes de la part des communes, l'État n'en jouit que temporairement et à titre précaire, jusqu'à ce que les communes soient en mesure de lui payer ses dépenses.

Aussi, dans un rapport sur les biens communaux de La Teste, présenté au nom d'une commission, le 13 février 1858, au Conseil Municipal qui en a ordonné l'impression, le rapporteur, M. Dumora, notaire, arrive-t-il à cette conclusion : « Qu'il sera réclamé de M. le ministre des finances et de l'administration forestière, des notes détaillées des produits perçus par l'État, sur les parties des dunes semées dans la commune de La Teste donnant résine; produits qui, défalqués des dépenses faites par l'État sur ces mêmes dunes pour les semis, et dont le chiffre sera formé par l'administration, fixeront la commune sur la différence due, et la mettront à même d'aviser, si ses ressources lui permettent ou non de reprendre dès à présent ces dunes, en payant cette différence à l'État, conformément à l'art. 5 du décret impérial du 14 décembre 1810. »

IX

Semis de pins des dunes. — La famille de Sylva à la pointe
du Sud. — Vie et mœurs de l'atelier des dunes.

C'est l'État qui, le premier, a mis sérieusement la
main à l'ensemencement des dunes ; son coup d'essai
eut lieu en 1787, à *Moullo,* sur les bords du bassin
d'Arcachon, là où se trouve actuellement un poste de
douanes, en face du phare du cap Ferret. La dune de
Moullo est la seule qui ait été ensemencée par le gouvernement avant la révolution de 93. Jusqu'en 1830,
les travaux marchèrent lentement : on ne couvrit que
6,814 hectares. A dater de cette époque, et surtout depuis 10 ans, les dunes ont fixé l'attention du gouvernement.

Exécutés jusqu'en 1830 par *voie de régie,* système
naturellement dispendieux et plein de dangers, les travaux ne se font maintenant que par la voie économique et sûre de l'adjudication.

Nous devons à M. Lainé, ministre de l'intérieur en 1817, la marche régulière et bien déterminée de l'administration des semis. Grâce à son zèle éclairé, les dunes furent placées dans les attributions du ministère de l'intérieur et reçurent en principe, une allocation annuelle de 50,000 francs. Pour donner une nouvelle impulsion au magnifique projet de Brémontier, les ministres des travaux publics et des finances nommèrent en 1840, une commission.

Après un mûr examen, elle décida qu'il fallait affecter aux semis, pour les terminer, 10 millions, répartis dans l'espace de 33 années, c'est-à-dire plus de cent mille francs par an, pendant cette période. L'État a dépassé les espérances de la commission ; et les sacrifices qu'il s'impose nous permettent de croire que ces travaux touchent à leur terme, que bientôt nos dunes seront boisées.

Les semis de la pointe du Sud furent mis à l'adjudication, par l'administration des ponts-et-chaussées, le 25 novembre 1848. Le devis portait la dépense à 154 fr. 54 centimes l'hectare. Léonard et son résinier, ayant fait un rabais de 18 fr., 25 p. %, devinrent adjudicataires et dûrent opérer l'ensemencement pour

126 fr. 34 centimes l'hectare pour 600 hectares. Ils se mirent aussitôt en mesure de commencer les travaux.

Le cœur gros de douleur, l'âme en proie à de sinistres pressentiments, Sylva fit ses derniers adieux à la chaumière où elle avait passé 18 années dans la solitude, l'union et la paix. Chemin faisant, en pensant au passé, à l'avenir, elle comprenait qu'elle était arrivée au terme de sa félicité, et ses yeux se remplissaient de larmes. Respectant sa douleur, son mari, son enfant, la précédaient silencieux et tristes. De temps en temps ils se retournaient, et, la voyant pleurer, ils travaillaient à la consoler. Aussitôt Sylva faisait des efforts pour cacher son chagrin et leur répétait, avec un doux sourire : ce n'est rien, n'y faites pas attention. Après une heure de marche, à travers les petits sentiers sinueux de la vieille forêt de La Teste, la famille arriva dans les jeunes semis de pins de l'État, jetés comme un bandeau, d'un kilomètre de large, entre la forêt et les sables ; au-delà les semis ce fut le désert ; aux pins toujours verts succéda un sable jaunâtre, aride, fuyant sous les pas des voyageurs comme la neige qui vient de tomber. C'était ce sable qu'il fallait immobiliser, c'était ce désert qu'il fallait rendre fertile. Là devait s'élever une belle et magnifique forêt de pins résineux. Telle était l'entreprise de la famille de Sylva, pour le compte de l'État. Les sables touchaient d'un côté aux semis et de l'autre à l'Océan, par la pointe du Sud. Nos voyageurs, traversant le désert, se dirigent vers cette pointe non loin de laquelle on voit un poste de douane, appelé le *poste du Sud*. Entre la pointe et le poste, dans l'intérieur des sables, se trouve une *lète* (vallon), abritée de toute part, et surtout du côté Nord-Ouest par des dunes. Elle est remplie de verdure et parsemée de bouquets d'immortelles : c'est une oasis dans ce désert ; il est vers le centre de l'entreprise ; la famille le choisit d'un commun accord pour sa résidence pendant la durée des travaux, et arrête qu'elle y fera les constructions nécessaires. Bientôt après quatre habitations en bois se trouvaient dans cette *lète* : trois d'entre elles n'avaient qu'un toit de chaume ; la quatrième, soigneusement recouverte en tuile creuse, surmontée d'un tuyau de cheminée, annonçait la demeure des entrepreneurs. C'était un carré long divisé intérieurement en trois compartiments par des cloisons de planches ; la cheminée se trouvait dans l'appartement du milieu qui servait de cuisine. A gauche, à l'Ouest, on voyait la chambre de la famille de Sylva; celle de droite était réservée au vieux Léonard. Du reste, ici comme dans la chaumière du résinier, on remarquait la simplicité des temps primitifs. Les deux cabanes de chaume élevées à droite et à gauche, à quelques pas seulement de la demeure des entrepreneurs, devaient servir d'asile pendant la nuit, l'une aux jeunes filles et aux veuves, et l'autre aux hommes : celle-ci présentait deux compartiments dont le premier était destiné aux hommes mariés et l'autre aux jeunes gens. Un peu plus loin on voyait la plus grande des constructions de la *lète* : elle avait un premier, ses larges ouvertures indiquaient sa destination : c'était une grande écurie surmontée d'une grange.

A peine achevées, ces habitations furent envahies par une nuée de Landais et de Landaises, originaires principalement de *Biscarosse*, de *Sanguinet* et de *Gastes*. L'hiver avait suspendu les travaux de ces familles. Manquant de travail, ces Landais se transformaient à bon marché en ouvriers des dunes, à l'appel des entrepreneurs. Le 15 janvier 1850, ils étaient, dans la *lète*, au nombre de cent-cinquante, hommes, femmes, enfants.

Appelée à nourrir cette population, Sylva avait fait d'amples provisions de pain, de vin, de lard, de fromage croûte-rouge et de sardines de Gallice : *sa cantine* était parfaitement installée. De son côté, son mari avait acheté trente chevaux et cinq paires de mules : les bœufs, trop lents au milieu des sables, ne devaient pas servir dans l'entreprise. La grange regorgeait de foin, de paille, d'avoine, de graines de pin, de genêt et de gourbet pour les semis. Les entrepreneurs avaient tout prévu et tout préparé.

Le lendemain à quatre heures tout le monde était sur pied, et le mari de Sylva donnait à chacun sa tâche, à la lueur des torches de résine. Les ouvriers se rendent à leur poste : les charpentiers établissent à la *pointe du Sud,* sur le rivage de l'Océan, comme on l'y voit encore aujourd'hui, un clayonnage, espèce de muraille en planches de six pieds, debout les unes à côté des autres, parfaitement délignées, pour arrêter les sables vomis par la mer et emportés sur l'aile des vents. Les entrepreneurs mesurent et marquent avec des jalons un hectare de dunes et y sèment aussitôt les graines de *pin*, d'*ajonc,* de *genêt* et de *gourbet*. Les charretiers, les muletiers, précédés de nombreux bûcherons, se rendent dans les jeunes semis voisins, chargent des fagots composés de branches de pin et de genêt, vont les déposer à la pointe du Sud et reprennent leur route. Les femmes, les enfants, s'emparent de ces fagots, pesant chacun environ vingt kilog., les délient, les étendent en couches de cinq ou six centimètres sur les graines qui viennent d'être semées et les couvrent de sable, après avoir eu soin de disposer les branches des fascines, dans la direction qui offre le plus de résistance aux vents de Nord-Ouest, vents régnants du pays.

Cette courte description suffit pour comprendre le système d'ensemencement des dunes : dans le nombreux personnel qu'il exige, les uns ensemencent, les autres composent des fagots ou fascines de broussailles, ceux-ci les apportent, ceux-là les étendent et les couvrent de sable ; le travail s'opère ainsi, hectare par hectare, jusqu'à la fin de l'entreprise.

L'ensemencement des dunes élevées et rapprochées du littoral exige des soins plus attentifs, une couverture plus considérable, à laquelle il faut ajouter cinq kilogrammes au moins de graines de gourbet par hectare. L'illustre Brémontier avait compris toute l'importance de cette plante, qui semble défier les vents et les tempêtes et il l'avait employée avec le plus grand succès. Sans redouter l'influence meurtrière du vent salé, elle végète vigoureusement dans le voisinage de la côte et au sommet des dunes, arrête les sables, protège le genêt et le pin, qui ne résistent pas comme elle à l'insalubrité du vent de la mer.

Les travaux les plus solides et les moins exposés aux tempêtes se font de mars à octobre, ils peuvent cependant avoir lieu toute l'année. « Je puis avancer, sans crainte d'être démenti, dit le plus célèbre des entrepreneurs des semis, M. Dehillotte Ramondin, de La Teste, que je n'ai jamais consulté les saisons pour mes opérations ; j'ai semé en été comme en hiver avec les mêmes chances de succès. C'est donc à tort, que dans le département des Landes on s'abstient d'ensemencer pendant les fortes chaleurs, sous prétexte que la graine, sous l'influence d'un soleil ardent, s'ouvre et meurt, si la pluie ne vient pas contribuer à sa germination. Je peux même affirmer, ajoute-t-il, que les couvertures faites pendant l'été finissent par être plus solides que celles faites en hiver, par la raison que les ouragans étant rares dans la belle saison, les travaux moins fatigués par les vents, prennent plus d'*assiette* et de solidité. »

Nous devons ici payer un juste tribut de louanges à M. Debillotte Ramondin, pour l'invention d'une *couverture* des semis qui joint l'économie à la solidité. Grâce surtout à lui, l'ensemencement qui du temps de Brémontier coûtait 450 francs l'hectare, peut se faire aujourd'hui pour 125 ou 130 D'après la méthode Brémontier on pratiquait les semis en enfonçant la broussaille de six à huit centimètres dans le sable : il fallait planter les branches une à une ; de là, de grands inconvénients : un travail plus lent, moins solide, un retard d'un an pour la germination et enfin beaucoup de frais. Cette méthode fut suivie jusqu'en 1834. Mais, à cette époque, M. Ramondin, convaincu de la supériorité de son système sur celui de Brémontier, l'adopta malgré le cahier des charges, et fit ses premiers essais aux dunes de *Maubruc*, sur le bord de l'étang de Cazeaux. Le succès fut complet, et son système définitivement adopté, comme plus économique, plus expéditif et plus solide. En effet, au lieu de 450 francs, un hectare de semis n'en coûte, avons-nous dit, que 125 ou 130 au gouvernement. Quelle économie pour l'État ! Le travail se fait plus rapidement, comme le démontre le simple exposé des deux méthodes : d'après l'une on plante les branches de pin et de genêt ; d'après l'autre on se borne à les étendre par couches dans toute leur longueur. Ce travail est plus solide que le premier : les vents et les tempêtes n'ont pas de prise sur ces couches épaisses recouvertes de sable. A l'abri des rigueurs de l'hiver et des chaleurs de l'été, par la méthode Ramondin, les semences se développent avec rapidité et gagnent un an sur les autres semis.

Disons donc que M. Dehillotte Ramondin a bien mérité du gouvernement et de la société.

Il va nous tracer lui-même la vie d'un entrepreneur des dunes, la vie et les mœurs de l'atelier :

« Les personnes qui habitent nos grandes villes, où les jouissances matérielles sont si nombreuses et si variées, ne sauraient se faire une idée de ce que peut être une colonie d'ouvriers, attachés au service des dunes dans ces immenses déserts. Là, point de distraction d'aucune espèce, un travail continu, rude et péni-

ble, des vicissitudes atmosphériques toujours fatales à la santé ; une chaleur accablante, un froid excessif, les pluies, les tempêtes, telle est la somme de jouissances réservées à l'homme qui se voue à ce genre d'opération. Un entrepreneur appelé à vivre au milieu de cette tribu doit joindre au dévouement et à la bonne volonté, une activité incessante, une surveillance de tous les instants. Sa vie n'a souvent qu'une durée fort limitée, comme on a pu s'en convaincre par la mort de Barrère ainé mon beau-frère, Barrère jeune, mon oncle, Vallard et Castera tous dans la force de l'âge et tombés avant le temps. L'entrepreneur des dunes ressemble à un véritable chef d'esclave, moins le fouet cependant qui n'est ni dans nos lois ni dans nos mœurs.»
Les nègres travaillent beaucoup, ont une mauvaise nourriture et couchent sur la dure ; telle est à peu près le partage de la tribu des semis. Été comme hiver elle doit être à l'endroit du travail tous les jours, de l'aurore au crépuscule. Le chantier est quelquefois à 8k. des habitations : de là, nécessité absolue de se lever vers une heure du matin pendant l'été; de supporter les froids des matinées de l'hiver. Dans ce désert, exposé à

tous les vents, à toutes les intempéries des saisons, quelles souffrances l'hiver, quelle chaleur l'été! N'est-ce pas vivre en esclave? — Que dire du salaire? Il varie selon les individus et les sexes : les femmes et les enfants, obligés de se nourrir, gagnent de 1 fr. à 1 fr. 25 cent. On donne aux bûcherons 3 fr. ou 3 fr. 50 par cent fagots de vingt kilogr. chacun : les journées des meilleurs ouvriers dépassent rarement 2 francs 50. Le salaire est insignifiant et la nourriture mauvaise. Les repas de la tribu se composent ordinairement d'une soupe à l'eau assaisonnée avec un peu de lard rance, frit à la poële, de *miques* ou *maitures*, espèce de farine bouillie et compacte que l'on mange avec le lard, de sardines de Gallice, un peu de fromage, pas de vin. Tel est le menu invariable des trois repas de la journée.

Le logement est en harmonie avec ce genre d'existence : il y a dans l'atelier, comme nous l'avons dit, à droite et à gauche de la demeure de l'entrepreneur, deux cabanes de chaume pour la séparation des deux sexes : ils vivent séparés voilà tout ; cette exception faite, ils passent les nuits couchés pêle-mêle sur un peu de paille.

N'avions-nous pas raison de comparer l'atelier des dunes à une tribu d'esclaves, moins les mauvais traitements?

« Les voyageurs qui ont occasion d'étudier les usages des habitants du Nouveau-Monde, nous disent que le nègre, accablé de fatigue après son travail de la journée, semble ressaisir ses forces au bruit du plus grossier instrument et se livre à tous les excès de la joie, quand une main amie fait vibrer à ses oreilles le son du *balafo*. Les négriers, eux-mêmes, ces impitoyables tyrans de la race africaine, avaient si bien compris l'influence de la musique sur les sens des malheureux livrés à leur infâme trafic, qu'ils avaient toujours à bord de leurs cachots flottants quelques musiciens, chargés de distraire et d'amuser ceux qu'ils chargeaient impitoyablement de fers. » Comprenant tout le parti qu'on peut tirer d'une situation qui offre tant d'analogie entre les ouvriers des dunes et les esclaves de nos colonies, ayant appris un peu de musique pour égayer moi-même ma solitude, et me distraire dans mes déserts, j'ai fait entendre, ajoute M. Ramondin, le son du violon, là où régnait le calme le plus absolu; et toute la population ouvrière, ces hommes qui avaient supporté le poids accablant d'un travail pénible, oubliaient leurs fatigues de la journée et trouvaient un délassement dans une distraction récréative... Cette influence acquise sur la tribu que j'avais su façonner et rendre meilleure par mes soins constants, a été on ne peut plus profitable aux travaux... Les jeunes gens de l'un et de l'autre sexe sont accourus en foule dans mes ateliers, grâce à un espèce de bal champêtre que je leur donnais à la fin de chaque journée. Tous désiraient ardemment entrer à mon service pour se procurer cette distraction inconnue jusqu'alors, dit M. Ramondin. »

Les Landais sont passionnés pour la danse. S'ils n'ont pas de violon, l'un des meneurs se met à fredonner des airs familiers au pays, et la jeunesse danse avec une ardeur extrême. Elle aime de préférence le *rondo*. Chacun prend une jeune fille ou une femme par la main, et une chaîne immense se forme. Le *rondo* est souvent gracieux, calme, élégant. Il tourne en silence et glisse légèrement sur le sol. Il commence *piano* et finit en un *crescendo* formidable. Il devient alors une espèce de course au clocher, fou, terrible, tournant en mille replis sur lui-même, entrant par toutes les portes de l'atelier, sautant par les fenêtres, gravissant les échelles, ne connaissant point d'ostacles, allant, courant toujours jusqu'à ce que le violon ou la voix du meneur épuisé, rende le dernier soupir. Le mérite des danseurs est de ne jamais se lâcher les mains et de suivre aveuglément le chef de la bande.

A ces jouissances, il faut en ajouter d'autres; le chantier a ses jours de liberté et de fête; ses instincts religieux le portent à sanctifier le dimanche : tous les samedis soir les ouvriers s'en vont dans leur paroisse respective, et ne reprennent leurs travaux que le lundi. La fin de chaque mois est un grand jour de fête : on règle les comptes, on fait les paiements, on danse le jour et la nuit, on se dédommage amplement des fatigues et des privations de tout un mois. Telle est la vie de l'atelier des dunes.

Ce tableau doit nous faire comprendre la situation de la famille de Sylva. Que de fois le résinier regretta sa chaumière, ses pins, sa forêt, où sa vie dans l'isolement s'écoulait paisible et heureuse ! A la fin de la journée, satisfait de son travail, sans soucis pour le lendemain il prenait tranquillement dans sa chaumière avec sa femme et son enfant, le repas du soir, et dormait paisiblement; tandis que dans l'atelier des dunes, sans repos, ni le jour, ni la nuit, entouré de soucis il a perdu le bonheur. Sans doute, l'entrepreneur gagne plus que le résinier : mais c'est au prix de sa santé, de son repos; il n'est plus heureux. Telles étaient souvent les réflexions du mari de Sylva. Sylva en faisait de plus tristes encore : elle voyait ses pressentiments se réaliser, et soupirait sans cesse vers la fin des travaux pour retrouver un peu de tranquillité. Mais les années de sa félicité ne devaient plus renaître; aux soucis engendrés par les soins du ménage, vinrent s'en ajouter de plus grands, créés par la conduite de son fils unique.

X

Le vieux marin. — La mer. — Le jeune Léonard se fait marin. — Fin des travaux des semis. — Le mari de Sylva reprend la vie de résinier.

Le vieux Léonard secondait puissamment son associé dans l'entreprise des semis. Chargé des approvisionnements nécessaires à l'atelier, sa prévoyance et son activité suffisaient à tout. Il faisait les envois de La Teste à la pointe du Sud, à l'aide d'une grande embarcation originaire de la contrée et connue sous le nom de *pinasse*, parce que le bois seul de pin maritime entre dans sa construction. Presque toujours le vieux marin réalisait ces transports en compagnie de son filleul; les deux Léonard étaient inséparables, on les voyait toujours ensemble, tantôt sur la baie, tantôt dans l'atelier; souvent ils se promenaient sur le rivage de l'Océan ; parfois ils allaient s'asseoir au sommet de la dune la plus élevée de la pointe *du Sud*, pour jouir du spectacle de la mer. C'est là, surtout, que notre marin se plaisait à raconter ses aventures au jeune homme qui l'écoutait attentivement. Un jour, dans son enthousiasme, il termina son récit par une magnifique description de la mer qui dans ce moment était calme, silencieuse et promettait une pêche abondante à la flotille, formée au-delà du détroit, par de nombreuses embarcations, aux voiles déployées : « La voilà donc cette immense étendue d'eau qui sépare les terres les unes des autres, forme les continents, les îles et couvre les deux tiers de la surface du globe. A l'origine des siècles, Dieu tira du néant, et la terre, et les eaux ; les eaux tenaient la terre en dissolution. Peu à peu elle s'affermit, les continents parurent, les eaux en furent séparées. Le Tout-Puissant donna aux grandes eaux le nom de mer ; il dit à la mer : *voilà ton empire, tu ne l'agrandiras pas et l'orgueil de tes flots ira se briser contre un grain de sable.* Elle obéit. Le créateur lui ayant permis un jour de franchir ses barrières, elle envahit le monde jusqu'au sommet des plus hautes montagnes, laissa partout des marques ineffaçables de son passage, de son séjour, de sa domination. Mais bientôt, à la voix du Maître, elle reprit son lit pour n'en plus sortir. Son action se fait sentir dans la nature entière :

dans l'espace, au sommet et dans l'intérieur des monts ; à la surface et dans les entrailles de la terre. Dans les profondeurs du globe, ses eaux sont bouillantes ; tempérées ou froides sur la terre, elles se transforment en glaciers éternels au sommet des montagnes. L'Océan est le père des mers intérieures, des lacs, des fleuves, des fontaines, des nuages accumulés dans les airs, des neiges éternelles qui couronnent les points les plus élevés de la terre. Un travail incessant retire de l'Océan et y ramène les eaux de l'univers. C'est l'action combinée de l'astre du jour et de l'astre des nuits qui détermine ce mouvement perpétuel et régulier appelé le *flux* et le *reflux*. Deux fois par jour, le soleil et la lune, en passant au-dessus et au-dessous de la mer, soulèvent ses flots, et deux fois aussi ils les dépriment en paraissant à l'horizon ; de là, en vingt-cinq heures, environ, deux hautes et deux basses mers. L'influence de ces deux astres est la plus grande possible lorsqu'ils se trouvent à peu près dans la même direction par rapport à nous, c'est-à-dire aux époques de la nouvelle et de la pleine lune ; ils tendent alors plus que jamais, soit à éloigner, soit à approcher, la mer du centre de la terre ; et les marées prennent le nom de *syzygies,* dont les amplitudes sont variables avec les distances du soleil et de la lune à la terre, ainsi qu'au plan de l'équateur. Par suite du frottement ou de l'inertie des eaux et du temps nécessaire pour la propagation du mouvement d'ensemble, ce phénomène se manifeste sur *nos côtes* un jour et demi seulement après le moment de la *conjonction* et de l'*opposition*. Telle est la vraie théorie des marées.

Les flots proviennent des glaces des pôles, de l'embouchure des fleuves, de la violence des vents. Ce mouvement incessant fait pousser à l'Océan des gémissements qui semblent comme les plaintes d'un être immense. Sa température suit celle de la terre. L'eau se congèle aux deux pôles et forme au-dessus de son niveau des montagnes de 500 à 600 mètres d'élévation, d'une étendue et d'une profondeur inconnues. Par un merveilleux travail, les glaces et les nuages décomposent et adoucissent l'eau salée, que le génie de l'homme n'a pu rendre encore qu'à demi potable. La lumière du soleil pénètre dans la mer jusqu'à une centaine de toises : au-delà, les ténèbres. Sa couleur est en général d'un bleu verdâtre, s'éclaircissant sur les rivages. Elle varie beaucoup en apparence, et revêt toutes les nuances qui sont au-dessous ou au-dessus d'elle.

Il n'y a pas de mer *sans fond*. Toute profondeur qui dépasse 160 brasses (320 mètres) est dite *sans fond*. La profondeur de la mer égale l'élévation des plus hautes montagnes. Son niveau et son volume sont toujours les mêmes : La mer ne change pas de niveau. Elle perd d'un côté ce qu'elle gagne de l'autre. Comme la terre, elle a ses plaines, ses rochers, ses montagnes. Ses montagnes produisent les îles, ses rochers des écueils trop souvent la cause des naufrages, ses vallées des plantes sans nombre et d'une hauteur quelquefois prodigieuse. Elle nourrit une multitude de poissons, de coquillages, d'êtres vivants.

Telle est cette mer, cet élément terrible que les hommes osent braver et parcourir avec une espèce de sécurité. A l'aide d'un faible esquif, imperceptible atome dans cette immensité, ils s'en vont sur l'Océan, le sillonnent dans toutes les directions, le traversent avec la rapidité de l'éclair, presque à heure fixe, se rendent visite, communiquent entre eux, échangent leurs idées, les produits de leur pays, ramassent des trésors : la mer est à eux et leur doit ses richesses ; ils le savent ; elle le comprend, elle obéit, mais souvent elle imite leurs funestes exemples. Les hommes s'élèvent contre Dieu ; parfois, l'Océan, à son tour, se révolte contre les hommes ; alors, se réveillant terrible, avide de sang et de ruines, il appelle à son aide les vents et les tempêtes. Ses vagues menaçantes se dressent en forme de montagnes entrecoupées d'abîmes ; ces masses mouvantes s'élancent comme des coursiers indomptés, se succèdent, se rencontrent, se heurtent, se brisent, écumantes de rage, finissent par engloutir et l'homme et sa fortune. Nos progrès dans la science nautique, signalés par des désastres sans cesse renaissants, nous annoncent la faiblesse de l'homme et la puissance de l'Océan. — Ses tempêtes ne sont pas les seuls dangers à redouter : le calme plat a eu ses jours néfastes.

Immobiles au milieu des eaux, n'ayant d'autre horizon que le ciel et la mer, et toujours la mer!.., les passagers d'un bâtiment meurent de faim en présence d'un spectacle qu'ils admirèrent, la première fois qu'ils le virent. Sans ressources, sans communications possibles, environnés du néant, abandonnés de la nature entière, ces malheureux n'ont pas même l'illusion pour les sauver du désespoir. Ils voient comme un gouffre l'espace immense qui les éloigne de tout secours ; leurs pensées et leurs vœux s'y perdent; la voix même de l'espérance ne peut arriver jusqu'à eux. Les premiers accès de la faim se font sentir sur le vaisseau : cruelle alternative de douleur et de rage, où l'on voit les infortunés, étendus sur les bancs, lever les mains au ciel avec des plaintes lamentables, ou courir en appelant la mort.

Tant de maux n'étaient pas suffisants ; il fallait à la nature humaine, avide d'émotions, les plus effrayants des spectacles : toutes les calamités réunies à la fois au sein des mers, un combat naval au moment d'une horrible tempête, le bruit des vagues, des vents impétueux, du tonnerre et du canon; les vaisseaux démâtés, incendiés, vomissant les flammes avant d'être submergés, leurs équipages passés au fil de l'épée ou sur le point d'être ensevelis dans les eaux, loin des terres, loin de tout secours !...

J'ai connu tous ces maux, cher enfant, *disait le vieux marin*. J'ai vu les tempêtes, le calme plat, les incendies, les naufrages, les guerres navales ; et toutefois l'Océan m'a laissé deux impressions ineffaçables.

1º C'est là surtout que j'ai vu Dieu ; je l'y ai vu et je suis demeuré muet frappé d'étonnement et d'admiration: J'y ai découvert la trace de ses pas : il marchait sur les eaux comme autrefois son fils sur le lac de Génésareth, et il commandait aux vents et aux tempêtes et il se faisait un grand calme. Tous les marins l'ont vu comme moi : telle est la raison de leur foi vive et profonde. Dans cette désespérante immensité qui voir? à qui s'adresser? si ce n'est à Dieu qui seul peut nous secourir, ou bien à celle qu'on a si bien appelé l'étoile de la mer? Les marins, sans doute, oublient trop souvent à terre la puissance qui les a sauvés, mais au moins le péril les a vus sincèrement prier ; ils accomplissent leurs vœux toujours : Rien ne montre Dieu comme l'Océan.

2º Ma seconde impression est celle d'un amour inaltérable pour lui. Quoi de plus beau que l'Océan! « On parle de poésie, disait un jour un marin, dont j'ai retenu les expressions ; où trouver quelque part autant de poésie que dans la mer, ce magnifique poème de la création? Chaque flot qui passe sous nos yeux est une page splendide du livre immortel de la nature ; chaque brise qui chante sur nos fronts, est une note de l'harmonie céleste qui chante dans les airs. Le marin qui lutte toute sa vie contre les vents et les tempêtes, est le plus grand poète que je connaisse : il écrit ses œuvres à la lueur des éclairs qui sillonnent les nues, au bruit de la foudre qui gronde comme la voix de Dieu, au sommet de montagnes mouvantes entourées d'abîmes. » Quoi de plus attrayant que la vie de marin ? elle ne s'écoule pas ignorée dans un coin de l'univers : l'univers est son domaine et sa patrie ; il visite tous les rivages ; il connaît tous les peuples ; c'est le maître du monde. Il en est redevable à l'Océan ; comment ne l'aimerait-il pas ! Aussi toutes ses ses sympathies lui sont-elles acquises ? Ses attraits sont si puissants, qu'à terre, le marin s'engourdit et dépérit insensiblement ; il n'y est pas à sa place ; la mer est la vie de son corps et de son âme ; ce sont deux amis inséparables. Parfois ils semblent divisés et se font des menaces terribles ; elles ne servent qu'à cimenter leur union ; somme toute, ils vivent en parfaite harmonie.

Aussi, mon cher enfant, depuis que l'âge m'interdit ma carrière de marin, chaque jour mes pensées prennent route vers l'Océan et mon cœur les y suit. Je ne me lasse jamais de le contempler.

Mais le soleil est sur le point de finir sa carrière ; il est temps de mettre fin à cet entretien et de quitter ces lieux. Ta mère nous attend dans l'atelier : rentrons après avoir contemplé ce soleil couchant. »

Dans ce moment, le disque embrasé de l'astre du jour paraissait agrandi. Des rayons sans nombre formaient autour de lui comme une immense crinière qui empourprait et le ciel et la terre. Après avoir parcouru l'espace à pas de géant, il semblait ralentir sa marche pour entrer dans son lit de repos avec une grande majesté. Tous les éléments paraissaient attentifs et dans l'admiration ; le ciel était d'azur, les zéphyrs retenaient leur haleine; le calme régnait au milieu des eaux qui étaient d'un vert obscur parsemé de paillettes d'or. Au loin, tout faisait silence. Le Dieu de l'univers disparût insensiblement dans les flots endormis.

Ravi de ce spectacle, le cœur embaumé des souvenirs gravés dans sa mémoire par les discours du vieux marin, le jeune homme prit silencieusement avec son parrain la route de l'atelier, à travers le sable des dunes. Le dernier coup venait d'être porté, une décision avait été prise : « Je serai marin, avait dit le filleul de Léonard, Dieu le veut ; c'est ma destinée, j'y serai fidèle. »

Les voiles de la nuit enveloppaient les dunes, lorsque nos deux voyageurs arrivèrent dans l'atelier ; les ouvriers prenaient leur repas : la table était mise dans la chambre du vieux Léonard pour toute la famille.

A la fin du dîner, le jeune homme, rendant compte de ses impressions de la journée, ouvrit enfin son cœur à ses parents et leur annonça qu'il avait pris la résolution d'embrasser la carrière de son parrain. Le marin garda un prudent silence ; Sylva et son mari feignirent de ne pas prendre au sérieux cette détermination. Le jeune homme insista ; son père lui imposa silence en disant qu'il ne lui donnerait jamais son consentement; la mère parut toute émue : la famille se sépara pour jouir du repos.

Le repos ne devait pas être le partage de Sylva ; le langage de son fils avait troublé son cœur, mille pensées cruelles assiégèrent son esprit dans le silence de la nuit. Enfin le sommeil vint appesantir ses paupières ; mais il fut troublé par des rêves affreux : tantôt c'était son fils qui, s'embarquant malgré elle, lui faisait ses derniers adieux ; tantôt elle le voyait jeté par la tempête sur une côte inhospitalière, où des anthropophages lui donnaient la mort et buvaient dans son crâne ; tantôt, jeté à la mer par un naufrage, il appelait sa mère qui pour le sauver se précipitait dans les flots et mourait avec lui.

Tels furent les rêves de Sylva. A son réveil, son cœur était gros de douleur, ses yeux se mouillèrent de larmes. Malheureusement, Sylva payait son tribut aux idées superstitieuses de son pays ; elle croyait au mal donné, aux sorciers, aux revenants et surtout aux songes. La douleur engendrée par ses rêves fut extrême. Quand les ouvriers eurent quitté l'atelier pour se rendre à leurs travaux ordinaires, elle appela son fils et lui tint à peu près ce langage :

« Mon cher enfant, depuis longtemps je voyais ton inclination pour la vie de marin ; j'espérais triompher de ce penchant ; mais il se fortifie de plus en plus, et hier au soir tu nous a fait connaître ta détermination : elle m'a jeté dans une consternation profonde, j'ai pleuré toute la nuit. Le peu de sommeil que j'ai eu a été troublé par des rêves affreux. Quel malheur ! s'ils venaient à se réaliser ! Je sais par expérience que souvent nous voyons en songe ce qui doit un jour arriver. Dans mon enfance, je fus ainsi avertie du sort réservé à mon pauvre frère : Il avait ton âge lorsque, malgré sa famille, il voulut se faire marin. Dieu le punit de sa désobéissance. Plus malheureux qu'Osmin Laborde, de La Teste, que tu connais et dont tu as vu le baril de sauvetage suspendu en *ex-voto* dans la chapelle d'Arcachon, il périt dans le golfe du Mexique : nous n'avons plus entendu parler de lui. Cette perte cruelle s'effaçait de ma mémoire avec le temps ; ta résolution la fait revivre dans mon esprit et me brise le cœur. Si tu pars je mourrai de chagrin. »

A ces mots, Sylva fondit en larmes. Son fils attendri essaya de la rassurer : « A Dieu ne plaise, lui dit-il, que je veuille vous causer de la peine, j'aime mieux revenir sur ma détermination, mais je ne dois pas vous cacher que la vie de marin est seule de mon goût : c'est ma vocation, je l'ai toujours compris, et je le sens plus que jamais. L'instruction que j'ai reçue ne me permet pas d'être résinier ; les travaux des dunes m'inspirent un dégoût profond ; la mer seule a des attraits pour moi. Mais pour vous plaire, j'en ferais le sacrifice. »

« Merci, mon cher enfant, lui dit Sylva, en l'embrassant. Tu comprends que je t'aime trop pour consentir à une séparation peut-être éternelle.

Il est si périlleux le métier de marin ! que de naufrages, que de victimes, que de mères désolées ! que de veuves, que d'orphelins, surtout dans notre contrée ! » — « Ce métier, répondit le jeune homme, a ses dangers comme les autres, ni plus, ni moins. On compte ceux qui meurent sur mer, on ne remarque pas ceux qui perdent la vie sur terre. Voyez mon parrain, il a vieilli dans l'Océan et jouit d'une excellente santé; il s'est couvert de gloire. S'il n'eut pas embrassé la carrière de marin, il n'aurait pas cette croix d'honneur que j'envie. Est-ce que la plupart des jeunes gens de mon âge n'imitent pas son exemple? est-ce que leurs parents s'opposent à cette vocation ? » — « Je l'avoue, mon enfant, dit Sylva avec un doux sourire, mais tu sais bien que tu es mon fils unique, qu'il m'est impossible de vivre loin de toi ; reste donc avec nous, travaille comme tu l'entendras, nous gagnerons assez pour nous et pour toi ; n'as-tu pas la perspective de l'héritage de ton parrain ? Tu seras riche un jour. Pourquoi exposer ta vie sur l'Océan ? » — « Mais si telle est ma destinée, je ne serai heureux que là. Que je reste à terre ou que j'aille en mer, je n'en mourrai ni plus tôt ni plus tard. Ce que Dieu garde est bien gardé. Mais pour ne pas vous déplaire, je renonce à ce métier, n'en parlons plus. »

Aussitôt Sylva se jeta au cou de son enfant, l'embrassa avec une effusion extrême, et ils se séparèrent tout émus. Satisfaite, la mère se livra aux occupations du ménage ; triste, le fils se rendit au chantier pour surveiller les ouvriers. Chemin faisant, il s'arrêta sur le flanc d'une dune d'où l'Océan déployait toute sa magnificence, et jeta sur cet élément un regard empreint d'une mélancolie et d'un regret profonds. En ce moment, poussé par une douce brise, un navire aux voiles déployées, entrait triomphant dans le bassin d'Arcachon. Le jeune homme le suivit longtemps des yeux. Le navire disparut et le jeune homme tira de son cœur cette plainte : « Que je suis malheureux ! » A dater de ce jour on le vit triste, solitaire et pensif. Il dépérissait promptement ; enfin il tomba malade. Ses parents et son parrain n'ignoraient pas la cause du mal et le remède à y appliquer. Le vieux Léonard insistait auprès de Sylva pour la guérison de son filleul. Cette mère affligée dût enfin se laisser vaincre. En leur présence elle dit à son fils qu'une fièvre lente retenait dans son lit : « Cher enfant, tu souffres beaucoup, et ta mère en est la cause, mais elle saura sacrifier son bonheur au tien. Il m'en coûte beaucoup de me séparer de toi ; mais puisque ta santé l'exige fais-toi marin, j'y consens. Sois heureux. » Dès le lendemain, le jeune homme, plein de santé, faisait ses préparatifs de départ.

Apprenant qu'un navire, chargé de résine, attendait dans le port de La Teste un vent favorable pour gonfler ses voiles et se diriger vers Nantes, le vieux Léonard demanda au capitaine une place de mousse pour son filleul. Admis à faire partie de l'équipage, l'enfant fit ses adieux à sa mère. Sylva lui dit en l'embrassant: « Pars, mon enfant, ne t'expose pas, sois sage, souviens-toi de ta mère et reviens sans tarder auprès d'elle. *Que Dieu et la bonne vierge te protégent.* Reçois cette médaille de Notre-Dame d'Arcachon, patronne des marins ; porte-la tous les jours de ta vie ; invoque la bonne vierge, surtout au moment du danger ; elle te protégera. Que de marins lui doivent la santé et la vie !... » Le profond chagrin de Sylva dans cette cruelle séparation, retenait ses larmes ; mais l'expression, à la fois douloureuse et résignée de ses yeux, brisa le cœur de l'enfant, qui n'en perdit jamais le souvenir. Ils se séparèrent. Le vieux marin accompagna son filleul à La Teste, et de là au navire.

Ils se quittèrent heureux et satisfaits.

Après quelques jours de navigation, le chasse-marée entrait dans le port de Nantes. Un mois s'écoula avant que la résine pût être vendue sur la place de la ville, et l'équipage dut rester au port.

C'était le commencement de la guerre de Crimée. Le nouveau marin classé fut appelé à la défense de l'État. Il écrivit à sa mère pour la consoler. Quelque temps après, le vaisseau qui le portait, entrait dans la mer Noire et contribuait au siège de Sébastopol. Le jeune Léonard prit part à cette guerre de géants : il se battit et sur terre et sur mer sans recevoir une blessure. Une balle vint s'aplatir sur la médaille qu'il portait. En se rendant à terre avec son embarcation il fut pris par les croiseurs russes. Ne pouvant supporter sa captivité d'un jour, il forme un hardi projet ; il embrasse la médaille de sa mère, invoque le secours de Notre-Dame d'Arcachon, s'élance à la mer, et, à la faveur de la nuit, il arrive, en nageant, à un vaisseau français qui le reçoit à son bord. Ce trait de courage est figuré dans un petit tableau, déposé en *ex-voto* dans la chapelle d'Arcachon.

Par ses actions d'éclat au siège de Sébastopol, notre marin gagna la médaille militaire, si recherchée de nos jours ; cette distinction le rendit heureux, surtout à cause du souvenir de son parrain et de sa mère. A la fin de la guerre, il put rentrer dans sa famille, et la combler de joie par sa présence.

Dans cet espace de temps, l'ensemencement des dunes avait marché avec rapidité. Pour faire trêve avec une douleur sans cesse renaissante, les entrepreneurs des semis travaillaient sans relâche. Malgré les fatigues du jour, Sylva ne connaissait pas le repos de la nuit ; elle avait de cruelles insomnies ; souvent elle arrosa son lit de ses larmes. Les soucis de l'entreprise absorbaient tous les instants de son mari. Secondé par le vieux Léonard, il essayait de consoler Sylva. Les associés avaient de grands bénéfices, les lettres du jeune marin étaient rassurantes, et la vie de la famille de Sylva n'était pas sans consolations.

L'arrivée de la lettre dans laquelle le jeune marin annonçait sa décoration coïncida avec la fin des travaux. Le vieux Léonard, tout ému, en donna lecture aux ouvriers ; ce fut un jour de fête, il y eut un grand festin, suivi de chants, de jeux, de danses, et le jour et la nuit.

Satisfaits de leur opération, les deux associés étaient d'avis de se livrer à de nouvelles spéculations ; Sylva s'y opposa formellement ; les raisons de santé qu'elle fit valoir, triomphèrent de leur résistance et déterminèrent son mari à reprendre son premier état de résinier, dans la pièce de pins qu'il exploitait avant l'entreprise et que le vieux marin consentit à lui vendre. L'ambition de Sylva se bornait à finir ses jours comme elle les avait commencés, dans la chaumière d'un résinier. Sa plus grande consolation, en l'absence de son fils unique, était d'habiter la demeure où il reçut le jour, de visiter les sentiers qui avaient ses préférences dans la vieille forêt. Accompagnée du vieux marin, la famille quitta l'atelier et se rendit à *la montagne,* dans la cabane de Léonard.

XI

Le retour de Léonard. — Joie de sa mère. — Leur mort.

La glorieuse campagne de Crimée était terminée. Couvert de lauriers, le jeune marin arrive à La Teste, avec plusieurs de ses compagnons moins heureux que lui. Le vieux Léonard l'attendait à la gare du chemin de fer. Il reconnaît son filleul à la médaille militaire qui brille sur sa poitrine ; et, ces yeux qui depuis longtemps ne connaissaient pas les pleurs, se remplissent de larmes de joie. Il amène en triomphe le jeune matelot dans sa maison ; des chevaux sont envoyés aussitôt à la montagne ; deux heures après ils reviennent pleins d'écume, de sueur, portant un père et une mère doublement heureux de retrouver un fils, et un fils décoré. Le jeune marin, bruni par le soleil d'Orient, était robuste et plein de santé. Sylva tomba évanouie dans les bras de son fils ; mais bientôt elle reprit ses sens ; elle ne pouvait se lasser de le contempler. Le jeune homme n'avait pas oublié les rêves et les prédictions de sa mère ; il les rappelait pour en montrer la fausseté. Son père et son parrain plaisantaient comme lui. Sylva se taisait avec un doux sourire mêlé de crainte pour l'avenir.

Après quelques jours de fête, il tardait au jeune marin de revoir la chaumière qui l'avait vu naître, les pins qui avaient été témoins des jeux de son enfance. La famille se rendit dans la forêt. Grâce à une entreprise fructueuse, la cabane avait changé d'aspect : elle était toute neuve. Les semis de pins de la pointe du Sud ne furent point oubliés. Depuis son départ, ces dunes avaient changé d'aspect : à la couleur jaunâtre des sables avait succédé une épaisse verdure de gourbet, de genêt et de pins. Les semis étaient magnifiques.

Après quelques temps de séjour dans la chaumière de la forêt et à La Teste, les idées du jeune homme s'envolaient vers l'Océan. Sylva travaillait faiblement à le détourner de la périlleuse profession de marin, mais elle comprenait l'inutilité de ses efforts. « Que faire, disait l'enfant à sa mère ? l'état de marin est le seul que je connaisse et que j'aime ; bientôt, je serai capitaine au long-cours et me trouverai au comble de mes désirs. » Dans ce but, le jeune Léonard devait se rendre bientôt à Bordeaux pour ses études. La rentrée des classes était fixée au mois suivant.

En attendant, fatigué du repos, passionné pour la mer, tous les jours le jeune homme quittait la cabane et se rendait à la pointe du Sud, au milieu des pêcheurs. Un dimanche, trois embarcations se dirigent vers l'Océan pour la pêche du *péougue*. Il les aperçoit et les appelle ; l'une d'elles répond au signal et se rend sur le rivage, c'était l'*Angélique*; il s'embarque, franchit le détroit, les filets sont jetés ; bientôt on les ramène, remplis de poissons. L'équipage revient triomphant. Il arrive à l'entrée du détroit; une tempête éclate subitement, il lutte contre les flots : tout-à-coup une vague arrive menaçante, se dresse à la hauteur d'une montagne, s'abat sur la frêle embarcation, la coupe en deux, et les dix hommes qu'elle porte disparaissent dans les flots.

Quelques jours après, le corps de l'infortuné Léonard, rejeté par la mer, gisait mutilé et tout défiguré, sur la plage, à la pointe du Sud, non loin de l'embarcation brisée qui le portait, et sur laquelle on lisait ces mots : l'*Angélique*. Selon la coutume, le cadavre du jeune marin fut enterré sur place. Les douaniers qui le trouvèrent creusèrent sa tombe dans le sable et y plantèrent une modeste croix de bois.

L'affreuse nouvelle courut dans la contrée avec la rapidité de l'éclair, et vint aux oreilles des parents du jeune Léonard.

La mère inconsolable apprenant enfin que son fils retrouvé, est enseveli à la pointe du Sud, va se prosterner sur sa tombe chérie.

Après avoir embrassé la croix du rivage et le sable qui l'entoure, elle se tient à genoux, verse des larmes avec des prières : la douleur l'emporte, ses forces l'abandonnent, elle tombe évanouie. Témoins de cette scène déchirante, les douaniers vont à son secours et la portent dans leur poste où elle revient à la vie. C'est là que son mari la retrouve ; il la ramène dans la chaumière de la forêt.

Telle est l'histoire de cette femme, qu'au début de ce récit, nous avons rencontrée à la pointe du Sud, sur le rivage de l'Océan, à genoux sur une tombe. Telle est l'histoire de Sylva, dont la vie s'est écoulée au milieu des dunes. En la racontant, n'avons-nous pas écrit l'histoire des dunes elles-mêmes ?

Rentrée dans sa cabane, après la lamentable scène de la pointe du Sud, Sylva, toujours inconsolable, n'a désormais qu'un désir, celui de vivre et de mourir sur le tombeau de son enfant. En vain son mari s'efforce de la détourner de ce projet ; tous les jours elle accomplit ce cruel pèlerinage ; elle parcourt cette voie douloureuse qu'elle arrose de ses larmes. Bientôt la source des pleurs est tarie, mais les soupirs et les gémissements n'en sont que plus grands; sa douleur se concentre, elle ne prend aucune nourriture, elle dépérit et devient un squelette, excitant la pitié de ceux qui la rencontrent. Absorbée par le chagrin, sa tête se fatigue, se vide, s'épuise, ses idées n'ont plus de suite, des symptômes d'aliénation mentale se manifestent. Espérant la guérir, son mari tient la chose secrète et se borne à surveiller les démarches de Sylva.

L'infortunée court échevelée dans la forêt, insensible à tout, excepté au souvenir de son fils qui la poursuit sans cesse. Léonard ! Léonard ! tel est le nom qu'elle répète souvent avec un accent capable d'attendrir les cœurs les plus endurcis.

La folie de Sylva eut enfin un temps d'arrêt. Croyant à une guérison complète, le résinier cesse de la surveiller et se rend seul à ses travaux ordinaires. Sylva profite de cette absence pour visiter la tombe de son fils. Mais hélas ! prise de nouveaux accès de démence, elle se précipite sur la plage en appelant à grands cris son cher Léonard Sa voix est dominée par celle de la mer agitée, qui annonce une horrible tempête. La tempête éclate presque subitement : les vagues viennent se briser aux pieds de Sylva avec un bruit épouvantable ; la pluie tombe par torrents ; d'épais brouillards règnent dans l'espace et précèdent la nuit.

Les vents, le tonnerre, l'Océan, mariant ensemble leur bruit effrayant, exaltent les idées de Sylva et ravivent ses cruels souvenirs. Au milieu de cette confusion, elle croit apercevoir dans l'obscurité, à la lueur des éclairs, un navire en détresse, il lui semble entendre la voix de Léonard invoquant son secours. Elle s'élance et disparaît au milieu des flots, sans que les douaniers accourus puissent la sauver.

Trois jours après, ils recueillaient sur ce rivage le

corps d'une femme : c'était Sylva. Mère infortunée, elle repose aujourd'hui à la pointe du Sud, à côté de son fils unique.

FIN.

TABLE DES MATIÈRES

Pages.

I. — Les Dunes : — Leur nature. — Leur origine. — Leurs progrès. — Leurs menaces. — Leurs ravages.   3

II. — La pointe du Sud. — Le naufrage de l'*Angélique*. — Léonard. — Sylva.................... 19

III. — Arcachon. — La chaumière du résinier. — Sylva.   27

IV. — Les chevreuils. — Les Chasseurs bordelais. — Léon. — Sylva..................... 43

V. — La montagne. — Naissance de Léonard. — Entreprise des semis.................... 50

VI. — Origine des semis de pins. — Importance de la fixation des dunes................... 56

VII. — Étude de physiologie pratique sur le pin maritime....................... 66

VIII. — Propriété des dunes............... 77

IX. — Semis de pins des dunes. — La famille de Sylva à la pointe du Sud. — Vie et mœurs de l'atelier des dunes..................... 82

X. — Le vieux marin. — La mer. — Le jeune Léonard se fait marin. — Fin des travaux des semis. — Le mari de Sylva reprend la vie de résinier........ 98

XI. — Le retour de Léonard. — Joie de sa mère. — Leur mort....................... 117

www.ingramcontent.com/pod-product-compliance

Lightning Source LLC
Chambersburg PA
CBHW060157100426
4274ACB00007B/1069